U0578728

布哈里圣训实录精华

坎斯坦勒拉尼 注释

[埃及] 穆斯塔发·本·穆罕默德艾玛热 编

穆萨·宝文安哈吉　买买提·赛来哈吉 译

中国社会科学出版社

图书在版编目(CIP)数据

布哈里圣训实录精华：坎斯坦勒拉尼注释／［埃及］穆斯塔发·本·穆
罕默德艾玛热编；穆萨·宝文安哈吉，买买提·赛来哈吉译．—3 版．
北京：中国社会科学出版社，1981.8（2020.9 重印）

ISBN 978 - 7 - 5004 - 4131 - 1

Ⅰ.①布…　Ⅱ.①穆…②穆…③买…　Ⅲ.①圣训—注释　Ⅳ.①B964

中国版本图书馆 CIP 数据核字（2009）第 010989 号

出 版 人	赵剑英	
责任编辑	黄燕生	
责任校对	沈　勇	
责任印制	戴　宽	

出　　版	中国社会科学出版社	
社　　址	北京鼓楼西大街甲 158 号	
邮　　编	100720	
网　　址	http://www.csspw.cn	
发 行 部	010 - 84083685	
门 市 部	010 - 84029450	
经　　销	新华书店及其他书店	

印刷装订	北京君升印刷有限公司	
版　　次	1981 年 8 月第 1 版	
印　　次	2020 年 9 月第 6 次印刷	

开　　本	710×1000　1/16	
印　　张	26	
字　　数	180 千字	
定　　价	68.00 元	

凡购买中国社会科学出版社图书,如有质量问题请与本社营销中心联系调换
电话:010 - 84083683

圣训

圣

训

目　录

圣训

一〇〇一

圣训

圣训

圣
训

圣训

圣训

圣训

圣训

圣训

圣

训

圣

训

〇一一

圣训

圣训

〇一三

圣

训

〇一五

圣训

圣训

〇一七

圣

训

圣训

圣

训

圣训

圣训

三〇

圣

训

圣

训

致 读 者

　　"圣训"是伊斯兰教创始人穆罕默德的言行和穆罕默德所认可的门弟子言行的辑录。它包括了伊斯兰教的宗教主张和社会主张，在伊斯兰教的经典中，其地位仅次于《古兰经》。

　　"圣训"阿拉伯语称"哈底斯"或"逊奈"。前者意为"言语"，后者意为"行为"、"道路"；我国通译为"圣训"。穆罕默德生前，他的言行原无文字记载，是由他的亲属和门弟子口头传述下来的。他逝世后，随着哈里发国家在政治、经济、文化方面的发展，伊斯兰教在短期内由阿拉伯地区向外传播，很快便发展成为地跨亚、非、欧三大洲的世界性宗教。在伊斯兰教的迅速发展过程中，出现了各种派别和政治集团，他们出于各自的需要和其他原因，对"圣训"提出了各种不同的解释，以至伪造"圣训"。一些对伊斯兰教不怀好意的人和动机不同的人也蓄意捏造"圣训"，以假乱真，制造混乱。同时，随着时日的消逝，在门弟子和再传门弟子中一些从事"圣训"学的人又相继

圣训

〇〇一

去世。因此，许多圣训学家开始将"圣训"辑录、整理成书。到公元九世纪时，辑录"圣训"的文献和汇编已是卷帙浩繁，仅布哈里辑录的"圣训"就达六十多万条，《布哈里圣训实录》一书就是从中遴选出九千多条编成的。逊尼派信奉的而且广为流传的"圣训"有六家，称为"六大圣训集"，其中布哈里编纂的"圣训"被认为最具权威，最可信，是仅次于《古兰经》的典籍。

"圣训"是对《古兰经》的解释和补充，是伊斯兰教阐明教义、制定教律的重要根据，在阿拉伯社会的政治、经济和文化生活中有着巨大的影响。在《古兰经》和《圣训》成书之后，逐渐形成了经注学和圣训学、伊斯兰教法学和文学等各种学派。《圣训》不仅是宗教典籍，同时也可以认为它是杰出的文学作品，在阿拉伯文学史中占有重要的地位。《圣训》不仅反映了伊斯兰教的宗教思想，也反映了阿拉伯半岛的社会历史、政治、经济、军事、文化和民情风俗等，是当时的社会关系和意识形态的具体而生动的写照，为我们研究早期阿拉伯社会和伊斯兰教的发展提供了宝贵的史料。

我国自古以来就与阿拉伯人民保持着经济

圣训

和文化各方面的密切友好关系。据史记载，伊斯兰教在唐永徽二年（公元 651 年）已传入我国。我国的回、维吾尔、东乡、哈萨克、塔塔尔、塔吉克、保安、乌孜别克、撒拉、柯尔克孜等民族信奉伊斯兰教。"圣训"的介绍，将有助于研究我国信奉伊斯兰教各民族的历史、文化和风俗习惯。

《圣训》在我国译本很少，大部分是节译。翻译坎斯坦勒拉尼注释的《布哈里圣训实录》，这在我国还是首次。本书根据伊斯兰教历 1348 年（公元 1929 年）开罗出版的《布哈里圣训实录精华——坎斯坦勒拉尼注释》第三版译出。由买买提·赛来哈吉从阿拉伯文译为维吾尔文，再由宝文安哈吉从维吾尔文译成汉文。

为了便于读者理解，我们对一些伊斯兰教宗教术语作了以译意为主的尝试，同时也在一些章节中加了简要的注释。原书中有的语句有所省略，其意在阿拉伯文中一目了然，但译成汉文恐怕读者费解，我们特将省略部分写在括号内；原来的注释文字根据内容需要进行了适当的调整与少量的删节。文中所引《古兰经》，我们均在其后注明章节，冒号前为章次，冒号后为节次。

在翻译中，我们力求文字准确、生动，尽量保持原文的风采。但"圣训"成书年代久远，有其特殊的社会环境和历史背景；阿拉伯语言的表达方式与汉语不同，其中宗教语言与一般生活用语又有差异；加之从两种文字翻译而来，国内可供借鉴的译本和资料很少；特别是我们的水平低，经验不足，翻译中困难较多，很难将"圣训"的风貌十分准确地展现在读者面前，所以不妥之处一定不少，谨请批评指正。

本书是按 1979—1985 年全国宗教学研究规划而着手翻译的，是在新疆社会科学院世界宗教研究所的具体领导下进行的。对这项工作，中国社会科学院世界宗教研究所伊斯兰教研究室从始至终给予了热情关怀与大力协助。在翻译过程中，吐尔逊同志和马俊民同志，还有王孟杨先生曾提出许多宝贵的意见，对我们很有教益，在此谨表示深切的谢意。

穆萨·宝文安哈吉
买买提·赛来哈吉
1981 年 3 月于北京

序 言

奉至仁至慈的真主之名

一切赞颂惟归宇宙的养主安拉。祈真主赐众圣以恩典与平安，祈真主赐圣人穆罕默德、他的家属和圣门弟子以恩典与平安。

真主啊！请降恩于我们。在事业上赐予我们正道，让我们置身于你的幸福仆人之行列，使我们在脱离尘世时有幸获得信仰和正道；真主啊！感赞你恩赐的众多的恩典，感赞你的宽恩赐福和教诲。我们之所以感赞你，那将会使我们获得你的喜悦、你的关怀，得到你的宽恕。——除真主外，别无他主，穆罕默德是真主的仆人和我们当之无愧的圣人。——我们之所以念此证词，那是诵念者会因此而免于火狱之苦，在清算场上能同善良的仆人站在一起。穆罕默德是这样的圣人，他的圣行好比是参天大树，枝叶茂密，浓荫遮地。人们对他的权威佩服得五体投地，钦服他的笃实正直。宣讲台上，一提到他的名字，宣讲台顿时生辉。为颂扬他的功德，天下之纸不足，墨水亦不够。他

圣训

圣训

是这样的圣人，一切誉赞尽归他有，他的真知灼见令人敬服。他富有用词精练，语言含义深刻和比喻美好的特点，他创立了堪为阿拉伯和非阿拉伯语言大师们的最高楷模。他打开了高大之门使人们获得了幸福的正道。他没有私心杂念，是伊斯兰学者们的旗手。他高举正义之剑，创立和强化了伊斯兰教，建立了正义的政权。祝愿他和他的家属、圣门弟子获得真主宽厚、纯真的恩赐，以完成圣人交付给我们的伟大义务，以便我们接近圣人，得到天园之水。真主之所以喜悦伊斯兰教的引路人和学者，那是因为穆斯林学者重视了伊斯兰学的传播。他们在最牢靠的基础上创立了伊斯兰法，掌握了伊斯兰法的精髓，揭示了真理，对深奥复杂的伊斯兰学系统地进行了整理，完成了交付于他们的实现圣行的任务。他们肩负了光辉灿烂的伊斯兰法之重担。正因如此，伊斯兰法才能传播到世界各地。真主啊，请恩赐那些学者吧！让我们接近他们，引导我们跟随他们前进。我的事业要取得成功只能靠真主相助，我一心向主，我将事业交付给真主，惟真主洞悉他虔诚的仆人。

　　在赞颂真主和祝福先知之后，有个意念闯

入我的心扉，那就是为后世之需和今世的警戒，去摘取神圣至高的安拉真言的果实，为今生与后世著书一本以作为武器和财富留下。我的心为这意念而激动。我记忆力差，健忘，学识浅薄，且又粗心；但是，亲戚朋友们对倾听使者伟大圣训的殷切需要，更加坚定了我对这件事情的志趣。每当在拜访热情款待我的亲朋之时，他们的这种愿望便越发清楚可见。因此，我向全能的真主祈求施恩，并向在座者布道，竭力使他们感念宗教。正是因此，我的无知和无能便暴露了出来，我深感自己急需阅读并钻研一些卷帙浩繁的巨著。于是，我漫步在布哈里著作的园地，沐浴着早晨灿烂的阳光，采摘他培育的果实和艳丽的花朵，供亲戚朋友们享用。在为引证运用善良人们的良师——圣人训示方面，我又前进了一步。我的着眼点在于让亲戚朋友们从圣训的雨露中得到滋润和让他们吮吸那清新芬芳、沁人肺腑的气息。我终于下定决心投入这项工作。我愈是把全部精力投入这部著作，心灵愈加明亮。我为心灵之病找到了灵丹妙药，美好、完整的教诲为我增添了深奥、有益的学问。凭真主之助，我着手将布哈里有益的、珍贵的一些圣训原本地抄于纸页。祈真

圣训

主助佑，我从伊玛目布哈里光辉的著作中和尊敬的坎斯坦勒拉尼注释本的精华中选编了此书。我感赞真主，祈真主悦意，我终于编成了这本有用的、赏心悦目的书。这本艺术水平高超、用词优美、格律整齐、文字流畅、立意实在的书包含有许多美好的劝谕。这本书对虔诚之士来说，是箴言，是真理的明灯，是向所有的人指明道路的里程碑。它是口渴者找寻的甘泉，是受到惊恐者的庇护人，是使背叛者哑口无言的论据。这本书是照亮探索者心灵的美好格言，是迷途者寻求的正道。词义精粹，宛如皓月的圣训，是生命能感到的穆圣的正气，是使腐烂的尸体感到温暖而起死回生的动力。它是万事如意而置于杯盏的玉液琼浆，是渗透心灵的圣言。它当用光芒刻画在白玉般美丽动人的仙女们的脸上、本书的简要注释会激起人们的灵感，其精湛之义悦人耳目，它清水般明澈、洁净，比甘露还甜。但这决非妖术①。如果读给石头，石头会融化；读给星星，星星会陨落。它那精湛的内容会使烦恼变为欢乐。它的容貌使国库的宝藏为之逊色。它比酒还醇，比青春还美。本书之所以具有以上特色，全凭真主的恩赐，真主的指引，真主万能于一切。真主赐知识学

圣训

问于好学的人，被赐予学问之人定多方受益。

　　善良的同胞啊！我怀着极其崇敬的心情给你们推荐这本书的第三次版本。此书摘录于伊玛目布哈里、谢赫坎斯坦勒拉尼（祈真主喜悦他们）二位学者选编的圣训和注释。他们留下的这两本巨著，就像两朵盛开的玫瑰花。请你们到这座花园去游览，从中吸取营养，用它的湖水浇灌你的智慧之花，熏陶你的性格。对有求者切勿吝啬，对不感兴趣的人切勿嫌弃。这本书，就像一位面颊红润、妩媚动人的女郎，身着锦缎，亭亭玉立在含苞待放的玫瑰花丛中。让这本书，在孤独时为你作伴，寂寞时为你开心，忧愁时为你解愁，在僻背处做你的知心人，旅途中做你的伙伴，在家时做你的密友。因它是你贴心的邻居，止怒的友人，谆谆善诱的教员，谦逊的导师，可信赖的领导，所以它是引你走上正道者和经常获得幸福者。本书我称为《布哈里圣训实录精华》，这是从《布哈里圣训实录》中选录的圣训集。布哈里的圣训录像晶莹夺目的珠宝，像光芒四射的太阳和吉祥的群星。这本书传自布哈里，我相信它当会为此生辉。我切望这珍贵之物和无价之宝能成为每个穆斯林家庭中的必备品。祈真主降恩并赐厚福，

圣训

以在事业之终使我们获得幸福与安慰。在编辑本书时，我首先列出圣训原文，然后划以横线，在横线下再列出圣训说明与注释。为了在查阅所引圣训原文时不浪费时间，不令人厌倦，为了查阅方便，本书按《布哈里圣训实录》顺序排列，为查阅圣训所在页码，每条圣训均编有号码②。伊玛目布哈里将哪条圣训纳入哪章，此书亦是如此。我编辑本书之目的，是希望那些心地诚实的善良之士受益于此书，并在我归真之后在我的坟前举行有益的祈祷。真主至知，我做此事的目的不是为了取得他人的赞誉，或是为了发财致富，或是为了猎取功名。我的这项功课，全是为了真主，全是为了因他而导致我进入馔食丰美的天园。真主是宽恕的，仁慈的，是施恩于人的，英明的，全能的。感赞真主使我们得到了信仰。如果不是真主指引我们走向正道，那我们定会误入歧途。

这是我立志要作的善事，

决不因完功而沾沾自喜。

为获福而祈求安拉恩赐，

也为至圣诵念祈祷词。

谨请朋友原谅书坊排印之错和我的笔误，

因我是软弱之人不为自己辩白，

安拉如不祐佑，怎能避免差错。

真主会担待我，他是最好的靠山，真主至大，真主全能，只有他才能纳受我的祈祷。祈真主赐圣人穆罕默德、他的家属和圣门弟子以恩典与平安。本书之写成，如皓月当空，异香满地，赞念真主独一无二，特写颂词如下：

众穆斯林啊！我手持宝书一本，

那就是赫赫有名的布哈里圣训，

献上这珍珠般美妙的诗句，

它是镶在手镯上的宝石，谁不倾心？

黄金虽贵不能与这集子媲美，

就是绝代佳人也比不上它的丰韵。

坎斯坦勒拉尼③的详尽注释丰富了它，

精辟的论述揭示了如海之深的内容。

赞安拉，这美丽的篇章终于问世，

它经过反复精心的挑选，

内容精练如闪亮的群星，

划破黑暗，给迷路者指明途径。

虔诚的穆民，可以随时领教于它，

它是点燃在正道上光芒四射的灯塔。

摘录时我忠于布哈里的原作，

选录时句句斟酌未曾删节；

编写圣训是我的功课，

圣训

无需称谢和奖赏。

这功课的完成全凭真主支持，

我没有什么奇才值得大家称颂；

一切成就归于万能的安拉，

一切贤能美德归于布哈里。

穆斯林呀，切莫忘记教诲，

迷惘的仆人要快快觉醒，

为圣训和圣行的传播要身体力行，

至圣的品行要广为传诵，

直至印入众穆民的心中。

幸福的纪元要回到信教时代④，

品德的花蕾会在雨露中盛开，

要精心培育花卉，莫叫凋零，

用花间的露水洗涤你污染了的心灵，

到时候成熟的果实供你享用。

真主啊！请饶恕我的罪过，

让我在人世间不受屈辱，自由生活；

祈你纳受我真心实意献给你的作品，

仆人艾玛热祈求你的悦意，

末日宽恩让作者复活于善良者的行列，

将我永留在乳蜜似河的天园。

本书于伊斯兰教历 1341 年第一次出版，

1345 年 10 月第二版，1348 年 12 月 8 日第三版。

埃及皇室大学教员

穆斯塔发·本·穆罕默德艾玛热

①指以并未违反教义的形式出现，令智者为之惊愕的异兆。——译注

②为便于阅读，翻译时将原号码省略。——译注

③指为《布哈里圣训实录》书写注释的伊玛目坎斯坦勒拉尼。——译注

④指穆罕默德时代。

圣训

圣

训

论默示降于圣人之始

穆民①之母阿依莎说，哈尔兹·本·依夏木曾问圣人："使者啊！默示是怎样降于你的？"圣人答："默示降临，有时如铃声，这对我最为困难，但困难一过，我便记住了默示。有时天仙化作人形与我讲话，我便牢记他之所言。"阿依莎说："我曾见默示在严寒之日降临圣人，当天仙离开他时，圣人额头汗水流淌不已。"②

阿依莎说："默示降于圣人之初，始于真梦，圣人所梦犹如黎明时分的光辉。梦后，圣人喜欢独静。在希拉山洞，他独自静悟，日夜均不回家，直到想家和需要干粮时才返回海底彻处，为再次前往做准备。在希拉山洞默示终于降临他，并一直连绵不断。天仙降临圣人，说道：'你诵念！'圣人说：'我不会诵念。'圣人说：'天仙抱住我，紧紧地搂住我。然后，松开我说："你诵念！"我说："我不会诵念。"于是第二次抱我，紧紧地搂住我，又松开我，说"你诵念！"我说："我不会诵念。"天仙又把我抱住，第三次紧紧地搂住我，并在松开后

圣训

一〇〇

说："奉那养主之名你诵读吧！他自凝血造化了人类。你通读吧！你的养主是至为高贵的。"（96：1—3）圣人因惧悸而返回胡外力德女儿海底彻（穆民之母）跟前，他说：'你们快给我盖上，快给我盖上。'他们盖住他，直至圣人心神安定。圣人向海底彻描述经过时说：'我很为自己担忧。'海底彻道：'不必这样，指安拉发誓，安拉决不会为难你。因为你慈悯亲友，帮助软弱无力者，关心穷人，为人们消除困难，接济旅人。'海底彻遂将圣人带至他叔父的儿子瓦拉格·本·乃吾派勒·本·艾赛德·本·阿不都拉乌日扎那里。瓦拉格在蒙昧时代③信奉基督教，通晓希伯来文，曾用希伯来文据《新约》写了许多作品，是一位年老双目失明的长者。海底彻对瓦拉格道：'堂兄④啊！你听听你侄儿讲的吧！'瓦拉格遂问圣人：'我的侄儿啊！你怎么啦？'使者便讲述了他之所见。瓦拉格对他道：'这是真主降给穆撒的教义，但愿在你传教之日我仍年青力壮，但愿在你的族人从家乡驱逐你的时候我还健在。'圣人惊异地问道：'我的民众会从家乡驱逐我吗？'瓦拉格说：'是的，会驱逐你的，像这类消息，不论是谁带来的，都会遭到反对。

在你为圣之时，如果我还健在，我一定竭力襄助你。'不久，瓦拉格去世。默示中断。"

①伊斯兰教教徒。——译注

②默示下降时，曾使圣人感到极端疲困，因默示系心灵突然感触之事。同时，为锻炼他负起圣行重担而以此来考验圣人的坚忍性。

③伊斯兰教产生前的时代。——译注

④瓦拉格的三祖父与圣人的四祖父系同胞弟兄。这里以堂兄弟相称，是为了表示亲切。

论虔诚、伊玛尼、正道、伊斯兰教义和信仰范畴

伊本·乌买尔传："仆人在未抛弃心中疑虑时，得不到虔诚的真谛。"

安再兰·本·阿布苏福扬传自依克赖买·本·哈力德，他又传自阿卜杜拉·本·乌买尔·本·海塔甫，他讲，圣人曾说："伊斯兰建筑于五项基础之上。它就是：诵念清真言'除安拉外，别无他主，穆罕默德是真主的使者'，立行拜功，出纳天课，朝觐，封赖麦旦月①

圣训

三〇〇

之斋。"

真主说："你们面向太阳升和太阳落的方向（朝向）并不为真善。只有归信真主、末日、天仙、经典、列圣的意行，以爱真主之心在经济上资助亲属、孤儿、穷人、旅客、乞讨者和使奴隶得到解放的功行，及立拜功，施天课，忠誓约，资助濒临贫困、无能为力、境迂病痛患难者和与敌人圣战时忍耐持久的功行始属真善。遵循以上善行之人才称得上忠实的穆斯林，才是敬慎之人。"（2∶117）[②]

阿布胡赖勒传，圣人说："信仰由六十余根树枝构成，羞耻也是信仰的一个分枝。"[③]

①伊斯兰教历太阴年 9 月的名称，亦称"斋月"。——译注

②本节包含了人类所具有的尽善尽美者的一切明暗形态。他们种类繁多，形式多样，概括起来有三点：真拜功，其意在本节贯穿于"归信真主……列圣的意行"处；第二，宽宏大量，其意在本节贯穿于"在经济上资助亲属……使奴隶得到解放的功行"处；第三，自修自悟，其意在本节从"立拜功"处始直至本节之末止。

③教法所指羞耻，因它能使人免于行丑恶之事，所以是推动笃诚之士圆满完成功修的一种品德。之所

以特别提及羞耻，是由于它处在构成信仰枝节的主导地位。因为羞耻会使人们对今世与后世的刑惩产生恐惧，它诱导人们行善止恶。

关于羞耻之意，可研考圣人的这段话："你们要真切地羞愧于安拉。"当圣门弟子说"使者啊！我们当然会羞愧于安拉"之时，使者又说："并非如此，所谓真正的羞愧于安拉，就是勿使身体的各个器官犯罪作恶及默忆死亡和死后遗体腐烂的情景，重后世者丢弃今世荣华富贵，视后世高于今世。完成以上诸点的人，才能算真正羞愧于安拉。"

论全善的穆斯林和论为
安拉之爱和恨亦乃伊玛尼

人们的爱憎均为真主，亦属信仰之列。阿布杜拉·本·艾米尔传，圣人说过："不以言语和行动危害穆斯林的人，方称真正的穆斯林，抛弃真主禁戒之事的人，才算真正的迁士①。"

①圣人穆罕默德由麦加迁往麦地那前后，由麦加去麦地那的穆斯林称为迁士。——译注

圣训

〇〇五

圣训

论施食物于人是穆斯林行为，自己爱什么亦让同胞①喜爱什么亦属信仰

阿布杜拉·本·米艾尔传，有个人向圣人问道："什么是伊斯兰教的优良品德？"圣人说："向人们施舍食物，向你认识或不认识的人②道色俩木③。"

艾乃斯·本·马力克传，圣人说："你们谁之所爱尚未为同胞所喜时，他就不是全善的穆斯林。"

①指教胞。

②指穆斯林。

③"色俩木"为平安问好之意。——译注

论热爱圣人属信仰

艾乃斯·本·马力克传，圣人说："你们当中无论是谁，对我之爱未胜过对生身父母、自己的儿女和一切人之爱时。他就不是真穆民。"

论众门徒归服圣人

乌巴旦·本·沙米提传，他曾参加白德尔战役和阿格白誓约①。他说，圣人站在一群门徒之中，对他们说："你们勿以任何一物与真主作匹偶，不偷盗，不淫乱，不残杀子女，不造谣诬蔑，不违背真主命行的正义之事，你们对我誓约吧！如在今世已受惩罚，那便是他的罚赎②。触犯其中之一，若真主未让其显露，其权操于真主。真主如意欲便饶恕他，如意欲便惩罚他。"于是我们按以上之语归顺了使者。

①指圣人穆罕默德向麦地那迁徙前夕，有十二名麦地那人前来麦加改宗伊斯兰教，归服穆罕默德的事件。——译注

②在后世不受惩罚。——译注

圣训

○○七

论道安问好是伊斯兰教义

艾玛尔·本·亚色尔①说，有三种品德，

谁融会了它就全备了信仰。

　　它们是：本人正派[2]；向一切穆斯林道安问好；即使是穷困仍然慷慨大方。

　　①最先归信伊斯兰教的大弟子。

　　②本人正派，指全面完成真主托付之事和完全戒绝真主所禁之事。

圣训

论造罪是愚昧时代的残余，
犯有为真主举伴以外的
其他罪过之人不算异教徒

　　艾布扎尔说：我同一人争吵，曾骂他是贱妇的儿子。对此，圣人说："艾布扎尔啊！你骂那人的母亲了，你还保有愚昧时代的习俗啊！你们的佣人就是你们的同胞，真主让你们管辖他们，只要是在你们手下干活的同胞，你们自己吃啥也应让他们吃啥，自己穿什么也应让他们穿什么。勿让他们干力不能及之事[1]，若让他们干那些事，你们当应协助他们。"

　　①让他们干难以忍受之事，当为不义。这段圣训

中所说的他们，包括奴隶、佣人、客人和牲畜。同时，在这段圣训里还禁止辱骂奴隶及同他们相似的人，倡导对他们持公正与和蔼可亲的态度。穆斯林彼此的长处惟依仁厚之心来衡量。他们之中最仁厚者，在真主眼里是至贵的。如不宽仁厚道将无益于圣人后代，而他们的宽仁厚道是会谋利于下等人的。

论伊斯兰深入人心

艾尔赛义德·胡得来传，他曾听圣人说："那位仆人如已是穆斯林，伊斯兰已深入其心灵，那他从前所犯罪恶将全部被勾销。如有复仇之罪当该留存。对仆人所作的每件好事，真主定给予十倍百倍的回报；对一件坏事科以一罚，真主如恕免①则不降罪。"

①指真主宽恕悦意之人的罪恶，此系逊尼派观点的根据。他们认为，仆人之罪恶系于真主的爱憎。如意欲则恕免，如意欲则惩罚。同时认为，这段圣训也是对穆依坦孜（伊斯兰教的一派——译注）者中罪大恶极者必进火狱之说的驳斥。

论哲卜利勒就信仰、伊斯兰和善行对圣人的提问

圣训

阿布胡赖勒传，圣人有天正站立于众人之前时，有个人①问他："伊玛尼②是什么？"圣人答道："伊玛尼是信真主③，信真主的天仙④，信见真主⑤，信真主的列圣⑥和死后复活⑦。"那人又问："伊斯兰是什么？"圣人答道："伊斯兰就是敬拜真主⑧，不为真主举伴匹偶，立站拜功，出散天课，并封赖麦旦月⑨之斋。"那人又问："善行是什么？"圣人答道："善行就是拜真主时，犹如与真主相见一样，虽然你未见真主，而真主却看到了你。"那人又问圣人："末日在什么时候？"圣人答道："答问者不比提问者知道得更多，但是我会告诉你末日来临的征兆，当婢女生降她的主人⑩，牧驼人竞相修造大型屋宇⑪之际，末日就快来临了。至于末日时刻，存于除真主之外谁也不知道的五件事的奥秘之中。"随后，在圣人念诵经文"惟真主确知末日时刻"之后，那人便转身走了，圣人随即对弟子们说："你们快把他找回来。"众门弟子再看时，他已无影无

踪，圣人道："他就是哲卜利勒，是为给人们传授伊斯兰的根本而来。"

　　阿布·阿布杜拉说，圣人称，本段圣训所言全为伊玛尼的内容。

　　①以人形出现的天仙。

　　②伊玛尼为信仰、信念，认主独一之意。——译注

　　③信真主的存在和他的特定形态。

　　④是能化为意欲之形的光彩，神圣的物体。所谓信他们，就是相信他们的存在和相信他们是真主使之变了形状的真主的尊贵仆人。

　　⑤信后世见真主。

　　⑥相信真主预示的信息为真。

　　⑦信坟坑里的复活，信斯拉提桥、公平秤和天园、火狱的存在。

　　⑧非常笃诚地敬拜真主或念作证词。

　　⑨是传述者的疏忽或遗忘，这里未提朝觐，在其他传述中却有此语。未提之因，有人归结为那时尚未将朝觐作为功修之故。在苏来曼提米德传述中，于本段圣训末尾增写了朝觐、行耨木赖、大净小净等语。

　　⑩系比喻婢女子女之意，由于婢女的主人是婢女子女的生父，主人死后婢女之子却成了婢女的主

人；其意或为国王妃子所生之子后继为王，作为其母的妃子却成了国王的庶民，而国王则是庶民之主；其意或为因主人贩卖有子婢女之事增多，国王们购买她们时因不明情况竟买进了自己的生母，暗喻他们乱了伦谱；或者是比喻儿子沿用主人役使、打骂婢女的行径来凌辱自己的生母。在那个时候婢女之子竟被当成了主人。

⑪在山里人热衷于建筑宏大房舍，夺取政权，获取胜利和凭借实力占领城市及世面繁荣之时，就是奴隶、牧人等下层人身份地位上升之日。

论教门的笃诚是人的品德

阿斯尔听奴恩曼·本·拜西尔讲，他曾听圣人说："教法允许之事是明白清楚的，教法禁戒之事也是明白清楚的。但允许之事和禁戒之事中间存有疑点，许多人不知道它。鄙视疑点的人，其信仰和名誉光明磊落。堕入疑点的人，恰如在禁地边缘放牧的牧人，其牲畜有可能窜入禁地一样。每个国王都有一个禁地。真主在地面上的禁地就是真主禁戒之事。你们听着，人体内有一块肉，当此肉善时全身皆善，它恶时全身皆恶，它就是心。"①

①因为心乃全身的主宰，心善人善，人恶人亦恶。心是人体内最关键的器官，它知悉真主，而其它器官皆处在心脏仆人的地位。学者们一致认为本段圣训含义深刻。

论忠实是宗教之本

圣人说："宗教的根本在忠于真主①，忠于真主的使者②，忠于穆斯林的引导者③，和忠于穆斯林的民众④。真主说：'众人哪！要忠于真主和他的使者啊！'"

吉力尔·本·阿卜杜拉说："在礼拜、天课和劝谕每个穆斯林的条件下，我皈依了圣人。"

①忠于真主，就是信真主，恰如其分地描述真主，表里顺从真主，向真主祈祷礼拜，渴求真主的恩赐，戒绝罪恶，以免真主降罪。劝谕背离真主的人，为使他们回到正道而努力。

②忠于圣人，就是承认他是圣人和相信他的一切谕示。不论是使者在世时，还是去世后，均应表示尊

圣训

〇一三

敬和支助。以学习和传播的途径弘扬他的圣行和崇高品德，同他的家属、门弟子和支持者为友。

③忠于穆斯林的引导者，就是支持他们的正义事业，如果他们未行合义之事则以温和地断绝友谊的方式示以警告。让被排斥之人接近他们，弘扬他们留下的伊斯兰学，传播他们的高尚品德，对他们持善心。

④忠于穆斯林群众，就是爱护他们，做有益于他们的事，教他们有用的东西，制止危害他们的行为。

论圣人讲话时有人向他询问有关末日之事

阿布胡赖勒传，圣人在一次聚会向信徒讲话时，来了一个乡下人，他发问道："末日在何时？"圣人未理会他仍继续讲话。对此，有的人说："圣人听见了乡下人的提问，但未理会他。"有的则说："没有听见。"圣人讲话完毕后，问道："问末日的人在吗？"乡下人说："圣人啊！我就是。"圣人说道："在信念丧尽之时，你就等候末日吧！"乡下人问："信念是怎样丧失的呢？"圣人说："当把事情①交托给外行人时，你就等候末日来临吧！"

①指哈里发、哈孜（卡迪）、穆夫提等宗教职务。——译注

论使者高声施教

阿布杜拉·本·艾米尔传，他说，有一次在从麦加去麦地那途中，圣人落在我们后面了。在临近晡礼时分，他从我们后面赶了上来。我们正小净，洗脚时潦潦草草。这时，他两三次大声呼喊："哎呀！看哪，脚掌未洗净的人正在经受火狱之苦哪。须知，真主曾说：'你说，我的主啊，我求你增长我的学识。'"

谢尔格·本·阿布杜拉·本·艾米尔传，艾乃斯·本·马力克说，我们同圣人正坐在礼拜寺时，进来了一位骑骆驼的人，他让骆驼卧下，拴好后，便问："你们当中哪位是穆罕默德？"那时，圣人正挂着拐杖站立在我们当中。我们告诉他，就是那位挂着拐杖立站的白净之人。他对圣人说道："你就是阿布杜·勒穆提塔里甫的儿子吗？"圣人说："你讲我听，你说

吧。"他对圣人道："我要粗鲁地向你提问，请勿生气。"圣人对他道："你想问什么就问什么吧！"那人说："看在你的和你之前列圣的真主分上起问，是真主派你为全人类圣人的吗？"圣人道："当然是的。""看在真主分上，是真主通过你让我们每昼夜做五番礼拜的吗？"圣人说："当然是的。"他又以看在真主分上问道："是真主通过你让我们每年在赖麦旦月斋戒一个月吗？"圣人说："当然是的。"他再以看在真主分上问道："是真主要你从我们的财富中收取天课分给穷人吗？"圣人说："当然是的。"这个人于是对圣人说道："我崇信你的教诲了，我是我的同胞给你派来的使者，来自赛义德·本·拜格尔部落，我名叫孜马木·本·赛兰拜。"

论先学而后念与行

伊玛目布哈里说，你要知道"除安拉外，别无他主"这一句话，安拉是从"你要知道"这个词开始的。学者们确实是列圣的继承者。列圣把知识作为遗产留给了他们，掌握了知识的人就能拥有丰盛的食物。真主为走向渴求知识的人开辟了易进天园之路。真主说："安拉的学者仆人最敬畏安拉。"真主还说："那些谕意只有学者们才能领悟。"真主在讲叙异教徒时说："他们曾说，如果我们听受或者领悟了列圣之言就不会同进火狱的人站在一起了。"真主还说："有学问的人同没有学问的人能平等吗?"圣人说："真主决意施恩于谁，就必定使他精于宗教学问，并经学习而掌握它。"

艾布扎尔说："如果你们要取我的首级，即便是锋利的大刀向我的颈脖砍来之时，如果我要传播我所听到的一些谕示的话，在大刀砍下之前，我仍会毫不犹豫地继续传播。"

伊本·阿巴斯说："你们要做精通教门的学者。但是先以一般教义施教于人，再以深奥教义施教于人者才称得上是精通教门的学者。"

论圣人为使门弟子
不致于厌烦而隔日讲经布道

阿布杜拉·本·买斯伍德传："圣人隔日讲

经布道，为的是不让我们感到厌烦。"

论学习和传授伊斯兰教义的益处

乌买尔·本·海塔甫说："你们在当首领①以前当应领悟宗教教义。"

艾布母撒传，圣人曾说："我从真主处领受的正道与伊斯兰法知识，犹如降于大地的雨水，有些地是肥田沃野，渗受雨水，长出各种植物与牧草；有些地是寸草不生，水渗不进的胶板地，它存盛雨水，真主使其发挥效益，人畜饮其水，作物得以灌溉。另一部分是平地，水存不住，禾苗长不成。这些就是对通晓真主的宗教，取益于我从真主处带来的学识，学习它并传授它者的比喻，也是对孤傲自大，和未曾接受由我从真主处带来的正道者的比喻。"

①人在当首领之后便不愿向低于自己的人学习，从而变得没有知识。同时，他的威严和自尊又使他不愿把自己置于学生之列。

圣训

论知识的冲淡和蒙昧无知的泛滥

艾乃斯·本·马力克传，圣人曾说："知识的冲淡①，蒙昧无知的泛滥，酗酒、淫乱成风，女人增多男人减少，以致一个男人平均五十个女人，这就是末日来临的预兆。"

①意为学者的去世会导致知识的中断，但不是说在他们心里知识冲淡了。

论使者三次重复其语

艾乃斯·本·马力克传，圣人讲话时，为了清楚明白总是三遍重复其语。他向人道安问好，也总是说三次。

论以暗示作答

阿布·伯克尔的女儿艾斯玛传，她说，我

去阿依莎处，她正在礼拜。我问："他们在干什么？"她示意天空。我一看，一些人正在做日蚀拜。阿依莎正在念："我敬拜至高无上的真主。"我问道："日蚀是灾难的征兆吗？"阿依莎点头，同意我之所言。我立即立站礼拜旋而感到头昏眼花。于是，我便向头上倒水。在圣人感赞伟大崇高的真主，念毕祈祷词之后说道："在这里我亲眼见到了合乎情理的一切事物，甚至天园同火狱。真主默示于我，你们在坟坑里将经受魔鬼的磨难或类似的灾难（本段圣训的传述者艾斯玛说是"恰如"或是"类似"她记不清了）的考验。他问：你们知道这个人吗？他就是穆民或者是承认圣人圣行的人（艾斯玛说，是这两句中的哪一句我记不得了），他就是给我们带来天经和正道的安拉的使者穆罕默德。我们附和他的谕示和紧跟于他。他就是穆罕默德——这句话他重复了三次。他说，你作为忠实的仆人安眠吧！我们知道你是承认圣人的，而那些败类或者怀疑圣人者（艾斯玛说，是哪种人我记不清了），却说我不知道，人家怎样讲我也怎么说。"①

①本段圣训说明坟坑刑惩属实，并且有善恶二天

圣训

仙审讯；同时指出怀疑穆罕默德的人是异教徒。

论编谎于圣人者的罪恶

色来买·本·艾克瓦说，我曾听圣人讲："谁捏造我的讲话，给我编谎，那他就自备位置于火狱中了。"

艾里·本·艾比塔里甫传，圣人说："你们不要编谎于我，对我编谎者定进火狱。"[1]

[1]这是对他的刑惩。如忏悔改正，真主可能会饶恕。真主啊！我们向你悔罪，祈求你的饶恕！

论在学习和传授知识时的拘束行为

木加伊德·本·加比尔："拘束和傲慢的人[1]学不到知识。"

阿依莎说："辅士们的妇女是多好的妇女啊，她们攻学宗教功课从不畏缩。"

[1]这种人骄傲自大，不学或不愿多学知识。这就

是学习中的最大不幸。因为它系放弃教义所令之事，故拘束当为不好。

论不可纳受未小净的礼拜

阿布胡赖勒传，圣人曾说："坏净者未重新小净前所作礼拜不能纳受。"一位海孜尔买吾提人问："什么是坏净？"阿布胡赖勒答道："坏净源自从后面排出的臭气。"

论小净的益处，脸和手脚将因小净而光泽

奴安因穆吉米尔说，我偕同阿布胡赖勒去礼拜寺上方，阿布胡赖勒在此小净，他说，我曾听圣人说："我的门徒在末日当为小净之因，在脸面、足、手发光的状态下被召见，你们当中谁能扩增自己的光泽当应扩增它。"

论内心未建树信念前的
疑虑会败坏小净

阿布巴得·本·坦斯热德的叔叔阿布杜拉·本·宰义德传，有人对圣人讲，礼拜时他感到好像后面有人出气。圣人对他说："听到其声或闻到其味之前，应继续礼拜。"①

①目的是澄清此事，无嗅觉、耳聋之人亦当按此判定行事。

论如无墙壁一类的遮拦物
不得面向或背向朝向解便

辅士艾布·艾尤甫·安沙尔传，圣人曾说："你们在解便时，不要朝着克尔白①，也不要背着克尔白，你们可面向东方或西方。"

①对麦地那人和与他们同向的人说当应如此，而来自圣地东方或西方之人解便时则应朝着南面或北面。

圣训

○三三

圣训

论解便时不得用右手擦拭羞体

阿布杜拉·本·艾比海塔旦传自其父，他说，圣人曾讲："你们在饮水和饮类似之物时，切勿对着饮具喘气饮咽。上厕所时，切勿用右手摸羞体，也勿用右手擦试它。"

论小净时应洗涤器官三次

艾塔·本·耶孜德传，乌斯曼·本·阿富帕的释奴胡木拉曾见乌斯曼·本·阿富帕这样小净：乌斯曼·本·阿富帕用一罐盛水，倒水于双手手心，洗双手三次，然后右手从罐内取水漱口呛鼻，然后洗脸三次。再后，连臂带肘洗三次，再摸头，然后洗脚直至脚踝三次。他讲，圣人曾说："谁若像我这样小净，再礼两拜，礼拜时不思念世间荣华富贵的话，那么他从前的罪恶将被勾销。"

论小净时呛鼻

阿布胡赖勒传，圣人说："行小净之人应呛鼻，大便后应用单数土疙瘩擦拭。"

论大小净均应从右面开始

乌木米艾提耶传，圣人在为其女儿再那甫大净（洗埋体）时，曾对乌木米和她的同伴说："你们给再那甫大净时，同小净一样，应从右面的器官开始。"

论狗舔过的食器

阿布胡赖勒传，圣人说："你的食器如果被狗舔过，当洗涤七次。"①

①因狗非常脏，它舔过的餐具当洗涤七次。

论滞留礼拜寺的益处

阿布胡赖勒传，圣人说："仆人如在礼拜寺候拜，只要小净未坏，则定有候拜的回赐。"

论把手伸进罐内小净

艾乃斯·本·马力克传，圣人要一罐水，给他拿来了一个盛有少量水的大口罐子，他把手指伸入水中。艾乃斯说："那时，我看见水从圣人指缝中喷了出来，我估计大约有七十至八十人用那水做了小净。"

论便后使用土疙瘩

阿布胡赖勒传，圣人说："你们小净时，要用水呛净鼻子，便后用土疙瘩擦净。你们睡醒后小净前要洗手，因为你们酣睡时并不知道手在哪里。"

论睡醒后小净礼拜

阿依莎传，圣人说："礼拜时你们如打盹，还不如回家睡觉，因为你们在礼拜时打盹，会指驴为马败坏你们的赎罪祈祷。"

论小便不检点当为大罪

伊本·阿巴斯传，圣人路经麦地那或者是麦加的一座枣园时，听见两个人在坟坑里受刑的声音。圣人说："他们不是因大事受刑，惟罪大恶极者才会受刑。他们之一是因便溺不检点；另一人则是因在人们中间拨弄是非。"然后，他拿来一根椰枣树枝折成两截，分别插在两座坟上。圣人向问其原委的人说："待这些树枝干枯时，他们的刑罚就可减轻了。"

圣训

圣

训

论掉进奶油或水中的秽物

伊本·阿巴斯买木乃传，他说，有人问圣人："奶油里掉进老鼠怎么办？"圣人答："扔掉老鼠，扔掉掉进老鼠周围的奶油，余下的奶油你们仍可食用。"

论小净后入睡的益处

拜拉·本·阿则甫传，他说，圣人曾讲："入睡前，你当做同礼拜时一样的小净，然后右侧躺下，作以下祈祷：'真主呀！我把我自己和我的事交给你了。为寻得你的恩赐，敬畏于你的惩罚而祈求你，依靠你，除你外再无依靠和救星。真主啊！我信仰你降示的经典和派来的圣人。'如果你在当天晚上归真，则你是逝在正道上。以上祈祷当成为你当天最后之语。"

论裸体沐浴的人

阿布胡赖勒传，圣人说："阿尤甫裸体沐浴时，身上落下一只金色蝗虫，阿尤甫捉住它并放入衣内。真主对他喊道：'阿尤甫啊！我已经满足了你，难道你还需要这金色的蝗虫吗？'阿尤甫道：'真主啊！凭你的特恩发誓，你讲得对，我虽已满足但仍需你的恩典。'"

论房事后小净然后入眠

阿依莎传："圣人房事后就寝时，要洗羞体和行礼拜时相同的小净，然后才入睡。"

论经期妇女给丈夫洗头和梳头

阿依莎说："当我来月经时，仍继续给圣人梳头。"

圣训

〇二九

论靠在经期妇女胸前诵念《古兰经》

阿依莎传："我月经来临后，圣人曾靠在我胸前诵念古兰。"

论经期妇女不斋戒

艾布赛义德·胡得来传，圣人有次去行古尔邦节或开斋节礼拜，在途经前来行节日礼拜的妇女身旁时，曾说："妇女们啊！你们向穷人出散施舍吧！因我见到你们多为火狱之人。"妇女们问："使者啊！那是为什么呢？"圣人答："你们的牢骚太多，不知道丈夫的恩情，你们竟把稳重的男人搞得晕头转向。我未见过像你们这样智慧不足和宗教意识贫乏之人。"妇女们又问："使者啊！什么是我们的智慧不足，什么是我们的宗教意识贫乏呢？"圣人答："妇女的作证不是仅及男人作证的一半吗？"妇女们说："是这样的。"圣人又说："这就说明她们智慧不足。妇女在月经期间，不是不礼拜，不封斋吗？"妇女们说："是这样的。"圣人道："这就证明她们的拜功短缺。"

论经净后妇女大净时使用香料

乌木米艾提耶传，妻子在为逝世的丈夫素装四个月零十天之外，禁止为他人素装三天以上，禁止涂眼圈，使用香料，除穿着用也门布料制作的普通服装外，禁穿其他鲜艳服装。允许经后妇女大净时使用少量香料。禁止跟随盛尸床送葬。

论腹中孩子的造化过程

艾乃斯·本·马力克传，圣人说："真主在造化孩子时，于其母子宫里派来天仙一名。天仙说：'真主啊！这是精液。真主啊！这是凝血。真主啊！这是一块肉。'当真主尚未完全造就他时，天仙又问真主：'这孩子是男还是女？叛逆你还是顺从你？他的食禄、寿限又有几多？'以上诸事当孩子尚在其母腹内时就早已命定了。"

论朝觐天房的益处

艾乃斯·本·马力克传，圣人说："我被命令在异教徒未诵念除安拉外，别无他主①之前与他们作战。异教徒若这样念，像我们一样地礼拜，朝觐我们的天房，像我们一样地宰牲时，再危及他们的生命财产，那就是犯禁了。同他们清算是真主的事。"

①加念穆罕默德是安拉的使者。

论礼拜时站列要整齐

艾乃斯传，当我们正准备礼拜时，使者望着我们说道："你们排列要整齐，彼此要靠紧，以便我能从后面看清你们。"

论圣人谓一切土地都为我
变成了可礼拜之地

加比尔·本·阿布杜拉传，圣人说："真主赐我五种特征，而未赐给在我之前的任何圣人。真主向距有一月路程之遥的敌人施以威恐而使我获胜；真主为我把一切土地变为可行礼拜的和洁净的土地；我的任何信徒不论在哪里，礼拜时间一到即应就地礼拜；真主将从敌人那里缴获的战利品作为合义之物交给了我，在我之前未对任何人将战利品作为合义之物；让我在末日取得了求情之权。从前，列圣仅作为自己民众的圣人而被派遣，而我却被差派为全人类的圣人。"

论在寺内小净未坏

阿布胡赖勒传，圣人说："在礼拜的地方，如果谁的小净未坏，只要仍呆在寺内，天仙便会为他祈福：'真主啊，你恩赐他吧！真主啊，

圣训

〇三三

你慈悯他吧！'"

论寺内哪里恰当就坐在哪里

艾比·瓦克提来色传，圣人正在寺内时，进来了三个人，两人面向圣人而来，一人背向圣人而去。面向圣人者之一见一空地，随即坐下，另一人则坐于众人之后，离去者却背向圣人扭头而去。圣人事毕后[①]，对众人说道："给你们讲讲这三个人的境况吧！坐于空地之人向真主祈祷，真主给了他地方；坐在后面的人不愿挤迫众人，真主慈悯他；在圣人讲经布道时离去的人，真主将降罪于他。"

①指领拜讲经或施行教义训诲之后。

论穆民互相帮助

艾布母撒·艾西艾尔传，圣人说："穆民确如建筑物的砖块，当彼此牢结在一起。"

圣训

论按时礼拜的益处

阿布杜拉·本·买斯伍德传，他说，我曾问圣人什么功课最为真主喜悦？圣人答："按时礼拜。"我又问："然后是什么？"圣人说："孝敬父母。"我又问："再后又是什么？"圣人答："为真主之道出战。"

论五番拜可赎洗罪恶

阿布胡赖勒传，他曾听圣人说："你们想想谁的门前倘若有一条水渠，每天在渠里洗涤五次，他身上还会有污垢吗？"弟子们齐声说："他身上不会再有污垢了。"圣人道："五番礼拜情同于此，真主凭它勾销一切罪恶。"①

①小罪。

圣训

论晡礼的益处

哲力尔拜剑力传，他说，有天夜晚我们与圣人同在一起，圣人望着天上的明月说："你们见真主，犹如见此明月，将毫无阻碍，清清楚楚。你们要力所能及地、无阻碍地及时立站太阳升起之前与太阳落下之前的礼拜。"之后，圣人诵念："在日升之前和日落之前，你当瞑忆你的真主，感赞他的恩惠。"（50：39）

论拜时过后的宣礼

阿布杜拉·本·坎塔旦传，他说，有天晚上我们同圣人上路，途中有人说："使者啊，找个地方让我们歇歇吧。"使者说道："我担心你们醒不来误了礼拜。"比拉勒道："我来叫醒你们。"于是众人便纷纷睡去，比拉勒也靠着牲口打起盹来睡着了。太阳升起前，圣人醒来，他说："比拉勒呀，你的话算数吗？"比拉勒道："我还从未这样睡过。"
圣人说："真主在意欲时，会掐断你们灵魂与
身体的联系，意欲时又恢复它。比拉勒呀！
你快起来念召唤词，召唤人们礼拜吧！"圣
人随即小净，在太阳升上天空发亮之时与众
人礼了晨拜。

论礼拜是信徒的必行之责

哈桑拜色尔说："如果他母亲为溺爱他而阻
拦他与众信徒做宵礼，则他可以不服从其母。"

阿布胡赖勒传，圣人说："指主宰我的安拉
发誓，请让我命人打来柴禾，待柴禾堆好后，
再行礼拜。宣拜后，命一人为领拜伊玛目，然
后，留下做礼拜的人，我便去不来礼拜人那里，
并放火烧毁他们的房屋。"

论夥礼的益处

艾布赛义德·胡德来传，他曾听圣人说：
"夥礼胜过单礼二十五倍。"

圣训

艾布母撒·艾西艾尔传，圣人曾说：“去礼拜寺的路程有多远，来这寺礼拜者所获回赐也就有多大。提前礼拜，等候伊玛目一起礼拜的人比礼拜后入睡的人①所得的回赐要大。”

① 随意单礼者，或不提前等候礼拜只是拜时已到才同伊玛目一起礼拜的人。

论及时行晌礼的优越性

阿布胡赖勒传，圣人说：“有人在行路时，撞见路上的一束骆驼刺并随即将其扔在路旁。对此，真主甚是喜悦并宽恕了他。”尔后，圣人说：“殉教者有五种人，瘟疫致死者，肚痛致死者，被水冲走淹死者，墙倒被压死者，为真主殉教者。”圣人又说：“众人如若知道召唤词和立于前排礼拜的功德就好了。但他们只要有凭靠抽签能获取之事，则定忙于抽签了。如果众人知道提前行晌礼的功德，那就一定会忙于它了。如果他们知道宵礼和晨礼的功德，就是爬行也会来礼拜寺了。”

论礼拜寺的裨益和真主允许
纳荫乘凉的七种人的德行

阿布胡赖勒传，圣人说："在末日，真主置七种人于自己的浓荫下乘凉，他们是：公正的国王，在敬拜主宰安拉中成长的青年，其心悬念于礼拜寺者，相聚时或分别时为真主而结友者，当富贵妖娆的女人引诱时为惧怕真主而拒绝者，暗地施舍，直至右手正施散而左手不停者，于僻静处忆念真主而流泪者。"

论礼拜时餐食已备好
该怎么办

依先木·本·乌尔外传自阿依莎，她说，圣人曾讲："昏礼时分，晚餐若备就你们可先吃饭，后礼拜。"

论礼拜时心生疑虑之人该怎么办

圣人说："礼拜时心生疑虑之人应念赞美词。"

论弱者的德行

圣人说："襄助你们当中的弱者以获取我的赞悦吧！因为弱者的祈祷确会为你增添福分。"

论在鞠躬或叩拜时
先于伊玛目抬头者的罪过

阿布胡赖勒传，圣人曾说："你们当中若有人在伊玛目之前抬头，难道他不怕真主把他的头变成驴头，或者把他的身体变成驴形吗？"

论奴隶和被释奴隶
任伊玛目

艾乃斯传，圣人说："既便是一位头像黑枣的埃塞俄比亚人做你们的伊玛目[①]，你们也得听从他的吩咐并服从他。"

①其意为：就是奴隶成了你们的长官，你们也得服从。圣人说："奴隶任你们的伊玛目，若他领念正确，你们与他同获报偿；如若念错，罪在于他，你们仍得报偿。"

论任伊玛目者领拜应精练

阿布胡赖勒传，圣人说："你们谁若为众人的伊玛目，领拜应当精练。因为众信徒中有弱者、病人、老人和急务在身者。单礼时你们可任意长念。"

圣

训

论礼拜时站列要整齐

奴恩曼·本·拜西尔传，圣人说："你们礼拜时，站列一定要整齐，否则真主会使你们的脸变歪。"

论开拜后诵念的内容

阿布胡赖勒传，圣人在开拜后诵念经卷前，其间静默少许，尔后便念："真主啊，祈你让我同我的罪过如东与西互相隔离一样；真主啊，祈求你使我的罪过犹如白布上涤除污垢一样；真主啊，祈你用水、雪和冰雹洗涤我的罪过。"

论礼拜时眼望天空

艾乃斯·本·马力克传，圣人说："人们礼拜时为何眼望天空？一定要他们戒除此举，倘若不改，当让他们双目失明。"

论礼拜时向左右观望

阿依莎传，她曾就礼拜时民众向左右观望一事问及圣人，圣人道："这是仆人的礼拜被魔鬼偷去了。"①

①其意为鼓励礼拜者聚精会神地礼拜。

论伊玛目在念法谛哈章后
高声诵念阿门及其功德

阿布胡赖勒传，圣人说："伊玛目念阿门时，你们也要念阿门，因为人们所念阿门如与天仙所念阿门相符，则真主将饶恕其以往的罪过。"伊本·西哈甫说："圣人念完法谛哈章①后即诵念阿门。"

①《古兰经》第1章。——译注

论叩拜的益处

赛义德·本·木赛耶布同艾塔·本·耶孜德由阿布胡赖勒处传来，他说众人曾问："使者啊！在末日我们能看见真主吗？"圣人道："在无云的天际难道你们还怀疑看不清十五的明月吗？"众人答："使者啊！我们不怀疑。"圣人又问："在无云的天际，难道你们还怀疑看不清太阳吗？"众人答："不怀疑。"圣人说："你们能够那样清楚地看见真主。那时，真主会说：'谁崇拜什么就去跟从什么吧！'这时，有的去跟从太阳，有的去跟从月亮，有的去跟从偶像。不跟什么的都是圣人穆罕默德的门徒。在这些门徒中，一些败类也同时留下来了。这时，真主以其他形象显现于这些门徒，说：'我就是你们的真主。'他们则说：'我们在此等候真主的来临，真主降临时我们是认得的。'真主又以原形显像于他们，说：'我就是你们的真主。'他们认见其主，并说：'我们的真主就是你啊！'于是，真主召唤他们，并在火狱中间架置了桥梁。在列圣中，我首先领我的门徒过斯拉提桥。在这里除列圣外，任何人都不讲话。
列圣的话是：真主啊！祈你赐众人平安。火狱
中有荆棘般的铁钩，你们见过荆棘吗？众弟子
说：是的，我们见过荆棘。"圣人说："铁钩形
如荆棘，这铁钩之大，除真主外谁也不知道。
铁钩抓住人，视其罪恶，有的被摔死，有的被
扔得粉碎，然后再使他们复生。真主如若意欲
宽恩于入火狱的人，即命天仙把敬拜真主者带
出火狱。天仙从他们叩拜的痕迹上认得他们曾
敬拜真主而将他们带离火狱。真主视叩头的痕
迹，免其焚毁于火狱，因而他们从火狱中得救。
除人的叩头器官①外，其他器官均在火狱中焚
烧。在离开火狱时他们已被烧焦了。他们复被
长寿水冲浴。他们的器官旋即又像在洪水过后
的泥滩中发芽的野草种籽一样迅速生长。然后，
真主结束在仆人中的行判定论。那时，在天园
与火狱之间留下了一个人，这个人就是入火狱
者中最后进天园的人。他朝着火狱的方向说：
'真主呀！火狱之气毒我，烈火烧我，祈求你
让我的脸远离火狱吧！'真主对他说：'假若满
足了你的这个要求，你大约还会要求其他什么
东西吧！'那人道：'真主呀！指你的威严发
誓，我决不要求其他什么了。'他向真主做了

圣训

许多保证与信誓。因而，真主允许他远离火狱。当让他面向天园时，他看到了天园的美好，他沉默了稍许，然后说：'真主啊，请把我带到天园门前去吧！'真主对他说：'你不是立约发誓不再祈求其他什么了吗？'他说：'真主啊，我决不做你的不守信义的仆人。'真主对他说：'如果我答应了你现刻要求的东西，你又会要求其他什么吧！'他说：'不，真主啊！指着你的威严发誓，除此以外我再不要求其他东西了。'他又向真主做了许多保证与信誓。于是真主将他带到天园门前。他站在天园门前，观赏了天园里的奇花异草，辉煌壮丽之景和欢乐的气氛。在这里他又沉默稍许，然后便说：'真主啊，让我进天园吧！'真主道：'你怎是一个贪得无厌，说话不算数的人呢！你不是立约发誓除已实现了的要求之外，不再索要其他东西了吗？'他又道：'真主啊，你切勿把我当成最不守信的仆人！'见他此状，真主笑了[②]。之后，真主允许他进天园，并让他讲述自己的欲求。当他讲述自己的欲求时，真主对他说：'讲讲你的某个欲求吧！'真主以此来促使其忆及自己的欲求。当他讲完他的欲求时，真主对他说：'我答应你的欲求并倍增于它。'"

①叩头器官指额头。七个器官是：上额、双手、双膝、双脚脚尖。

②此处之笑，意为表示真主的悦意和允诺其要求。

论叩拜时念感赞词和祈祷

阿依莎传，她说：圣人在鞠躬与叩拜时，按古兰所示①，诵念："真主啊！我们净洁你，感赞你。真主啊！祈你饶恕我。"

阿依莎又说，圣人礼拜末尾祈祷："真主啊！祈你免除我在坟坑内的刑惩，祈你在刁狠的恶魔发难中护佑我，祈你在生与死的不幸中护佑我，祈你在债务与罪恶中护佑我。"有人问使者："你为何常从债务上求护佑呢？"使者回答："人若负了债，讲话中常掺假扯谎，誓约后常违约。"②

阿布·伯克尔斯的克传，他曾要求圣人教他一个礼拜时诵念的祈祷词。因此，圣人教他念："主啊！我作恶累累，惟你能恕免罪过。祈你施恩，宽恕我。惟你是至慈的宽恕者和施恩者。"

①指纳色尔章（《古兰经》第 110 章。——译注）最后一节："你当以赞念你的真主去净洁真主和祈求真主的饶恕。"

②圣人这样祈祷全是为了训诫门徒，而在这些事情上，圣人本是洁净的。

论礼拜后诵念感赞词

阿布胡赖勒传，一群穷人来到圣人跟前，他们说："富人花费财帛，获取天园高位和永久的恩典，但他们同我们一样礼拜，同我们一样封斋，在经济上只是他们较我们富有，他们花钱朝觐，行耦木赖①，出征，施舍。"圣人对他们说："告诉你们一件事吧！你们若能做到，便可赶上花钱获取高位的富人品位，而在你们之后的其他人谁也得不到你们的品位，在你们之前和你们之后的人们中，你们将成为最优越的人，富人中惟有做了此事的人才能达到你们的品位。这就是在每番拜后诵念：坦斯比罕和台克比尔各三十三遍。即念'真主至洁'三十三遍，'万赞归主'三十三遍，'真主至大'三十三遍。"

穆恩来·本·速拜的纪事瓦尔拉提传，他说，穆恩来·本·速拜在寄给穆阿维耶的一封信中曾让我这样写道：圣人在每番礼拜之后都念："除安拉外，别无他主，独一无偶，安拉主宰万物，万赞属真主，真主全能于万事。真主啊！你施与之物任何人都阻挡不了，你未施与之物任何人也赋予不了，在你面前，富人的财帛②亦无济无事。"

①在祖勒浑吉月（即伊斯兰教历第12月）的八、九、十日三天以外的其他时间朝觐，称耦木赖。——译注

②在你面前富人的财帛亦无济于事，惟拜功方可。

论聚礼前使用香料

波斯人赛里曼传，圣人说："聚礼日①人们应大净，并尽力洗净，擦油，涂撒家里的香料②，然后赴寺，勿在二人之中钻挤，做完规定之拜，在伊玛目讲经时缄默静听。那么真主将饶恕他在

此次聚礼日与下次聚礼日之间的罪过。"

①星期五是伊斯兰教的聚礼（礼拜）日，又称主麻日。——译注

②由此可见在家里存放香料系圣行。

论聚礼日使用木牙刷和
圣训"你们各位都是牧人……"

阿布胡赖勒传，圣人说："倘若不使我的信徒或众人感到这是负担，我必命令每番礼拜都得刷牙了。"①

阿布杜拉·本·乌买尔传，他说，我曾听圣人讲："你们都是牧人，你们要对自己的畜群负责。作为首领②要对自己的族人负责。男人是家里的牧人，要对家里负责③，女人在男方家里是牧人，要对家事负责④，差役佣人是主人财产的牧人，要对财产负责。"⑤

①无论天命拜或副功拜都一样，既然要求在聚礼前浴洗外部器官，喷撒香料，那么洁净感赞真主，念诵经文的口腔，清除使天仙和众人生厌的口臭，就显

圣训

得更为必要了

②任首领者在众人中应履行教法教仪。

③要关心家人饮食，衣着等开销并同他们和睦相处。

④爱好家务，在丈夫的财产、子女和贞洁方面要忠于丈夫。

⑤爱护主人的财产和忠实地效力。

论聚礼日大净

阿布胡赖勒传，圣人说："每个成年穆斯林每七天①大净一次，是对真主的应尽之责。"

①指主麻日。

论聚礼日纳接祈祷的时间

阿布胡赖勒传，圣人在论及聚礼日时曾说："在聚礼日有一个纳接祈祷的时间，哪位穆斯林仆人要是在立站礼拜时逢遇那个时刻，向真主祈求什么，真主是不会不满足其要求的。"

圣训

〇五一

并用手示意那个时刻非常短暂。

论在节日、休假日① 礼拜的益处

圣训

伊本·阿巴斯传，圣人说："在这十天中②所做礼拜优于全年其他任何时间所作礼拜，就是弟子们的出征作战也不及于它。"使者又说："出征作战不及于它，只有不顾危险，以生命以财物出征作战一去不归之人的功修才优于它。"

①古尔邦节的二、三、四日。——译注
②祖勒浑吉月的一至十日。

论地震

阿布胡赖勒传，圣人说："知识衰落①，地震增多，度日如年②，纷争频繁，屠杀增多，资产过剩③之时未到前，末日是不会降临的。"

①学者的死亡、愚昧无知者的增加所致。
②因时代不景气或因纷争频繁，而使人们不知怎

样熬度白天和黑夜。

③为男人减少，寻乐者消沉，求取者短缺之因所致。

论除真主外谁也不知晓的五件事

伊本·乌买尔传，圣人说："五件事属奥秘，除真主外谁也不知晓。即次日会怎样谁也不知道，腹内孩子是什么谁也不知道，人不知道明天自己会怎样，人不知道自己死于何处，任何人都不知道何时会下雨。"

论对待妇女和她们的旅行

圣人曾见入火狱者多为妇女。于是，圣门弟子便问圣人："使者啊！这是因为什么呢？"圣人答道："那是因为她们忘恩负义所致。"圣门弟子又问："难道她们对真主也忘恩负义么？"使者答："她们忘恩负义于丈夫，不知道丈夫的恩情，你对她们好一辈子，但她们对你稍感不如意，就会说你毫无恩情。"

圣训

〇五三

阿布胡赖勒传，圣人说："崇信真主和后世的女人无人陪同不能旅行一昼夜。"

论在病者前啼哭

阿布杜拉·本乌买尔传，他说，赛义德·本·乌巴旦患病卧床，圣人偕同阿布杜拉哈曼·本·艾夫、赛义德·本·艾布瓦喀斯和阿布杜拉·本·买斯伍德去探望他。当圣人来到赛义德床前时，只见他家里的人正在他床前乱作一团。于是圣人问道："灵魂离体了吗？"她们答："使者啊！还没有呢！"于是圣人泪下，周围的人见使者流泪，也流泪不已。使者说："不知你们听说过没有，真主为人们流泪和忧虑而不惩罚他的仆人。"并指着舌头说，但会为它而受惩罚①或得到慈悯②。亡人家属为其啼哭③亦当受惩。于是乌买尔随即用棍子挥打啼哭亡人者④，并向他们扔石头和向嘴里撒土。

① 因讲了坏话。
② 因讲了好话。
③ 如对真主恸哭和因亡人引起的号哭。

④因加帕尔之妻违背了圣人的意旨。

论今世身着奇装异服的女人的
姿态和魔鬼打结扣

乌木米·赛乃曼传，他说，有天晚上圣人醒来后问道："至洁的真主啊！夜里有何灾难下降，安拉从宝库中降示了什么？是谁去唤醒房主①？须知，今世身着奇装异服的女人在后世当会一丝不挂②。"

阿布胡赖勒传，圣人说："人人睡后，魔鬼会在他的头脑里打三个结扣。每打一个结扣，便说：'夜长呢，天未亮，你放心睡吧！'他醒来后，如立即颂念安拉，一个结子即开；他若小净，另一个结子亦开；他若礼拜，第三个结子亦随即解开。因而他精神焕发。如不那样做，他就会显得沮丧和无精打采。"

①意为圣人的妻子。——译注
②意为禁止穿用薄而透明的服装，或招摇打扮。

论夜终祈祷

阿布胡赖勒传，圣人说："至洁至大的真主在每夜三分之一的时分降临第一层天，宣谕说：'谁祈祷于我，我便接受其祈祷；谁有求于我，我即施予之；谁给我诵念祈祷词，我即恕免之。'"

论过度的拜功不好

阿依莎传，她说，在我身旁，站着艾沙提部族的一名女人。圣人进来后问："这女人是谁？"我说："这是某某人，她夜里睡不着，我为她重做了她做过的礼拜。"使者道："勿这样，你们还是做做力所能及的礼拜吧！在你们未疲困之前真主也不会疲困。"①

阿布杜拉·本·艾穆恩传，他说，圣人问我："听说你夜间礼拜，白日封斋，是这样的吗？"我回答说："是的，是那样的。"圣人说："你那样做眼睛会陷下去，精神会萎靡不振。你对你的身体有责任，你对家里人也负有责任。

所以，你可在一些日子封斋，在一些日子不封斋；在一些夜里礼拜，在一些夜里睡觉。"

①你们礼拜要量力而行，应精神饱满地礼拜，若这样真主则不为你们礼拜生倦而责备，你们礼拜的报酬亦不被减少。拜中间歇时要坐候，如为礼拜生厌和有气无力地礼拜，那时，真主对你们亦会以生厌相待。

论拟做一事时如它是善行当礼祈福拜

加比尔·本·阿布杜拉传，他说，在我们做事时，圣人教我们祝福拜就像教我们《古兰经》一样。圣人说："一个人若要做什么事得先礼两番拜，然后做如下祈祷：真主啊！祈你以你的知识开导我怎样做好此事。为完成它，祈你以你的威力赐予我力量，赐予我你那无比的智慧。因你是全能的，我则无能。你深知一切，我则无知，你是深知一切奥秘者。真主啊！如果你知道此事于我的信仰，于我的生活，于我的未来，且对我们的事业有良好的结果，即请你将那件事托付于我，便利于我，并使其见诸效益。如果你知道此事于我的信仰，于我的生活有害和其后果有害于我，即请你使它远离我，或让我远离它。不论好事在何处均请托付于我，以使我称心如愿。"加比尔还说，圣人讲："祈祷时还应表述自己的要求。"

圣训

论出殡令

穆阿维耶·本·木坎仁从拜拉处传来，他说，圣人以七件事令于我们，以七件事禁于我们。令我们：送殡，探望病人，应邀赴约，资助受压迫者，襄助发誓者实现誓言，向道安问好者回敬安好。当打喷嚏者感赞真主时，回其祈安拉赐福于你。禁戒我们：使用银质器皿，戴金戒指，穿绸缎，穿丝麻混纺织物，乘坐绸制鞍垫。

论死去幼儿者的回报

艾乃斯·本·马力克传，据他说，圣人曾讲："哪位穆斯林若死掉了三个未成年幼儿，真主为恩赐他们也让那人进天园。"

论号哭亡人的坏处

穆恩来传，他听圣人说："编谎于我同编谎于其他人不一样，谁若故意编谎于我，他当入火狱。"穆恩来还听圣人说："谁若向亡人号哭，则亡人会因其号哭而受刑罚。"

论撕衣哭叫违背使者的训示

阿布杜拉·本·买斯伍德传，他说，圣人曾讲："抓脸、撕衣哭叫者和号叫真主者均为与圣行格格不入的人。"

论施舍财产的三分之一

赛义德·本·艾布瓦喀斯传，他说，圣人辞朝的那年，我患病卧床，他来探望我。我对使者说："我的病势沉重，我是有产业的人，但继承者只有一个女儿。我该施舍财产的三分之二吗?"使者说:"不必。"我说:"施舍一半吗?"使者说:"不必,你可施舍三分之一,这也够多了。与其让你的继承者成为向人们伸手的乞丐,还不如让他们做富人。你为寻求真主的喜悦而行善,将得报偿,甚至为你放入妻子口中的饭食也会得到报偿。"

论禁止守节妇为戴孝而剪发

当艾布母撒病危晕过去时,他的头正在妻子怀里。这时艾布母撒对妻子的号哭想说点什么已经无能为力了。他苏醒后说:"使者厌恶之物我亦厌恶。使者厌恶号啕之妇,为守节而剪发和撕衣之妇。"

论见到盛尸床时应站起来

阿米尔·本·热比艾传,圣人说:"你们看见盛尸床时,应当站起来直至它抬过去。"

圣训

论男子抬尸床

艾布赛义德·胡得来传，圣人说："当亡人放上尸床由男子置于肩头抬着行进时，倘若亡人是有幸的仆人，他便会说：'你们把我抬快点。'倘若是叛逆的仆人，他便会喊叫：'哎呀，你们把我带到哪里去呀！'其声音除人外，万物均能听见，人要是听见，必吓得魂不附体。"

论参加悼念者的回赐

阿布胡赖勒传，圣人说："谁服丧并为亡人礼拜，定一倍回赐于他；谁礼拜又送葬，定两倍回赐于那人。"当阿布胡赖勒问使者两倍有多少时，他回答说："恰如两座大山。"

论幼儿的信仰

阿布胡赖勒传，圣人说："任何婴儿初生

圣训

时，均属原造。以后，其父母使其成为犹太教人，或基督教人，或摩尼教人。"

论自杀者

沙比提·本·再哈克传，圣人说："谁伪装敬重伊斯兰以外的宗教，并故意指那宗教发誓，则他将如其所言。谁以刀自杀，他在火狱则受那刀之刑。"

论禁止侮辱死者

阿依莎传，圣人说："你们切勿侮辱死去的人（指穆斯林），因为他们已经看到了死前作为的后果。"

论天课就是天命

艾布阿尤甫传，当有人对圣人说"请你给我讲一种我若完成它就能进天园的功课"时，其他人即问："那是什么？那是什么？"圣人说："看来，此人来此志向不好。"并对他道："你信主独一，不以任何物为他举伴，完成天命拜，出散天课，接济亲属。"

阿布胡赖勒传，他说，使者去世后，大贤阿布·伯克尔继任哈里发。这时，一部分阿拉伯人不愿出散天课。大贤欧麦尔问他："你同这些人怎样拼杀呢？须知，圣人曾说：'我被命令与他们拼杀，直至他们诵念清真言"除安拉外，别无他主"为止。谁诵念了清真言，我便保障其财产和性命。其他事真主自己会同他们结算。'"大贤阿布·伯克尔答道："我要坚决同把礼拜与天课分开的人作战。因为纳天课系有财产者的义务。指真主发誓，假如他们不交给我天课——原先给使者交纳的天课即最起码的山羊羔——我必定与他们作战。"大贤欧麦尔道："指真主发誓，真主已将与他们作战嵌在阿布·伯克尔的心上了，我认为他是对的。"

论拒纳天课者的罪恶

阿布胡赖勒传，圣人曾讲："真主赐其钱

财，而他不纳天课，那么在后世他的财产会变成一条大毒蛇缠住其身。然后它张开血口说：'我就是你的财产，我就是聚集的珍宝。'"尔后，圣人念《古兰》："一切吝惜安拉所赐恩典者，切莫以为那样于他有利，而是于他有害。"

论将钱财用于正道

伊本·买斯伍德传，他听圣人说："你们应决心成为具有这样两种品德的人。其一是：真主恩赐给他的钱财，他全部用于该用之处；其二是：遵循真主向其降示的古兰教义行事并将其传授于他人。"

论施舍正当职业所挣财物

阿布胡赖勒传，圣人说："谁若施舍正当职业所挣来的财物，即使是一粒蜜枣（真主只接受用正当手段挣来之物），真主定会以右手接它。然后就像你们精心喂养自己马驹一样地培育它。对施舍者来说，其回赐会像大山一样。"

论在发现领受人之前施舍

哈尔赛·本·瓦依甫传，他说，我曾听圣人这样讲："人们捧着施舍竟找不到领受者，若分摊送人，他们则说，'如果昨日送来我会接受'，而在今日他们却以已无需要而不收受了。"

论哪种施舍最好

阿布胡赖勒传，一人来到圣人前询问道："使者啊！什么施舍回赐最大？"圣人答："在你畏贫求富，迷恋钱财，身体健康时施舍，勿延缓施舍。须知，待到临危之际，你才说，给某某若干，给某某若干。其实这时财产已转归他人所有了。"

论替人施舍者

阿依莎传，她听圣人说："妻子俭省，不浪

圣训

费家中食物，则有其俭省的回报。其中，丈夫有其挣来食物的回报，佣人有其保管食物的回报。他们各有回报，彼此的回报均不减少。"

圣训

论身处穷困，家庭急需和负债之人不应施舍

圣人说："谁若借贷他人财物施舍、挥霍，安拉定使其破产。"伊玛目布哈里说："如果本人谨慎，有耐心，自己有困难，却以他人之需要为重，如像大贤阿布·伯克尔将施舍物作为施舍散出一样的施舍者便不在其内。"

哈肯·本·依扎木传，圣人曾说："施舍之手比乞求之手为贵，你当把施舍首先给予自己赡养之人[①]，富裕时出散的施舍是最佳施舍。谁向真主祈求清廉，真主使其清廉。谁向真主求富裕，真主使其致富。"

① 先母后父，再姐妹后弟兄，然后论辈数近于你者。

论好施者与吝啬者

阿布胡赖勒传，圣人说："每天黎明有二位天仙降临人间。其中之一说：'真主！你补足好施者出散的部分吧！'另一位则说：'你让吝啬者倾家荡产吧！'"

阿布胡赖勒传，他说，他曾听圣人讲："吝啬者与好施者好比从乳部至锁骨披着铁甲的两个人，好施者越是施舍，其铁甲越长，扩及全身，直至遮复其手指，身无空处。至于吝啬者，倘若施舍，则铁甲的每一环越缩越紧，他想动弹，却动弹不得。"

论凡穆斯林均应施舍

艾布母撒·艾西艾尔传，圣人说："凡穆斯林均应施舍。"众弟子问："使者啊！如无物可出散呢？"使者道："当靠职业，它既有益于自己，亦可行施舍。"弟子们问："如无业可就呢？"使者道："襄助弱者和无依无靠者。"弟

圣训

子又问："那也做不到呢?"使者道："行善止恶,这当算他的施舍。"

论防止伸手乞求

阿布胡赖勒传,圣人曾说:"指真主发誓,你们谁若带着绳子去拾取柴禾,然后背回来,并以此为生,不管人家施给还是不施给,当强于以乞讨为生。"

哈肯·本·依扎木传,他说,我曾向圣人索要财物,在给了几次后,他便说:"财物同绿翠之物一样,原是外表漂亮、味道甘美之物,但对非勒索而取者是吉祥①,对贪婪而取者不吉祥,这种人如同吃不饱的人一样。出散之手强于索要之手。"哈肯说,我当即说道:"使者啊!指差派你为真洁圣人的真主发誓,从此之后,直至去世,我决不再索要任何人的东西了。"在使者之后,大贤阿布·伯克尔给依扎木东西,他未接受。大贤欧麦尔说:"穆斯林啊!我曾呈议从国库中发给哈肯应得的报酬,但是他连这个也不领取。所以,哈肯在使者之后,直至他去世为止,未曾接受任何人的

圣训

东西。"

①在穆阿维耶任哈里发的第十年去世的乃外威说："对禁止不必要的行乞，学者们的看法是一致的。在我们学者中，对有能力做事而行乞的人有两种观点。正确的一种观点认为这是丑恶的，应当禁止。另一种观点认为可以勉强允许具备了这样三种条件的人行乞。三种条件是：不作贱自己，不死缠硬要，乞求者不使人生厌。大家一致认为三条中只要有一条未具备便应禁止。"

圣训

论为发财致富而行乞，论朝觐的功德

阿布杜拉·本·乌买尔传，圣人说："行乞之人在后世会显现为骷髅。"

穆阿维耶·本·阿布苏福扬写信给穆恩来·本·速拜说："请将你从使者那里听到的话写封信给我送来。"穆恩来对穆阿维耶写道："我听圣人讲：'安拉厌恶你们这样的三种行为：无益的争论，挥霍浪费钱财和过多地索要施舍。'"

阿布胡赖勒传，圣人曾讲："你们谁在早晨携带绳子外出，拾来柴禾出售以谋生和施舍，他定强于向人们索求物品。"

阿布胡赖勒传，他曾听圣人这样说："谁为真主而朝觐，在朝觐中不做朝觐所禁戒之事和不行恶，则他朝觐回归时，就如其母生养他时那样的纯洁无罪。"

论在米纳①的讲演

伊本·阿巴斯传，圣人在古尔邦节讲演时曾问："众人啊！今天是什么日子？"众人答："是丧失尊严列为禁戒的日子。"使者问："这是哪座城市？"众人答："这是丧失尊严列为禁戒的城市。"使者问："这是什么月份？"众人答："这是丧失尊严列为禁戒的月份。"使者道："你们相互危害彼此的生命、财产和尊严，恰如在这天，在这座城市，在这个月份里你们相互危害一样均系禁戒之事。"他在数次重复这些话后，抬起头说道："真主啊！我宣教了吗？真主啊！我宣教了吗？"伊本·阿巴斯说，指真主发誓，使者以下诸语肯定是给自己门徒的劝诲："我的话，在场的人应向不在场的传谕。在我之后，你们切勿像异教徒那样相互残杀。

在传播我的讲话后，可能有比直接听到它的人能更好的领悟者。"②

①麦加附近的一个地名。——译注

②由此可知传授宗教知识是天命。

论旅行是一种苦事

阿布胡赖勒传，圣人曾说："旅行是一种苦事①，它搅乱你们的餐食和睡眠。上路者，事毕后应即刻回家。"

①指旅行中的辛苦劳累。

论圣地麦地那的光辉

阿布胡赖勒传，圣人曾说："麦地那大门前有护卫天仙，瘟疫和魔鬼进不了麦地那。"圣人又说："麦地那恰似铁匠的牛皮风箱，它除去火中杂质只留下纯青之火。"

阿布胡赖勒传，圣人说："我家与宣礼台之

间为天园中的一座花园，我在宣礼台位于天水之上。"

论封斋的功德

阿布胡德勒传，圣人说："封斋是盾牌①。封斋者勿讲丑话，勿做丑事。如果有人同他打架闹事或辱骂他，则应向对方说两次，我是封斋之人。指真主发誓，封斋者口中之气，在安拉看来优于麝香之气。真主说：封斋者为我抛弃了饮食和性欲，封斋是我同我的仆人之间的奥秘，我将亲自予以奖赏。一件善行，十倍回偿。"

乌买尔·本·海塔甫说，当我问谁能回忆起圣人有关罪责的训诲时，胡孜派说，我曾听圣人这样讲："人们对妻子②、财产③和邻居④因故所犯罪过，将因他的礼拜、封斋和施舍，而得恕免。"

①使人免于罪恶和火狱的盾牌。
②如让妻室儿女做不正当的事。
③不用在正当的事情上。
④一味追求邻居的富裕豪华。

论封斋时讲假话

阿布胡赖勒传，圣人说："在封斋时谁不抛弃讲假话和靠假话办事的行径，其不吃不喝的封斋当不为真主所需。"

论担心成为单身汉者的封斋

阿布杜拉·本·买斯伍德传，他说，我们与圣人在一起时，他曾说："有婚娶能力者应当结婚，因为结婚会使其眼和性器官免于犯禁；没有结婚能力者应封斋，因为封斋会断其性欲。"

论吃赛胡尔饭的功德

艾乃斯·本·马力克传，圣人说："你们吃赛胡尔[①]吧！因为赛胡尔功德无量。"

①赛胡尔为封斋期间黎明前的餐食。——译注

圣训

论封斋者刷牙

阿依莎传，圣人说："刷牙可洁净口腔，使真主喜悦。"

论赖麦旦月和先比坎德雷夜拜的功德

阿布胡赖勒传，圣人说："谁真心崇信赖麦旦月和为祈求真主的喜悦及回赐而封斋，其以前的罪过①将被勾销。谁信先比坎德雷夜，相信其益处和为祈求真主的喜悦及回赐而礼拜，其以前的罪过将被勾销。"

①指大罪。

论教法许行之事明确，
教法禁行之事也明确

如恩曼·本拜西尔传，圣人说："许行之事

讲得明确，禁行之事也讲得明确。但许行与禁行之间存有质疑之事，谁抛弃确属罪过的质疑之事，就更会抛弃确属禁行的明显行为。谁敢于去做可能犯罪之事，亦就可能快干那种明显的禁行之事了。罪行本是安拉的禁地。在禁地周围放牧的牲畜有可能接近于进入禁地。"

论孩子是丈夫的

圣人说："孩子是丈夫的，不是淫乱者的。"

论不区别正当职业与非正当职业的人

阿布胡赖勒传，圣人说："那样一个时代将来于众人之前，人们不区别自己所得之物是取自正当途径，还是取自非义行径。"

论衣食富余

艾乃斯·本·马力克传，他说，他听圣人

讲："祈求衣食富裕或祈求长寿者应接济^①亲属和亲近的人。"

①接济，可为尽力效劳，探望和访问。同另一段圣训所称的"人的衣食寿限尚在其母腹内时，就已命定"一语怎样协调一致，对这个问题的回答是：衣食富裕之意是表示衣食用之不尽。因为被予之物当应施舍，而施舍会使钱财增加和增多。长寿之意，是指身体强壮有力或为死后留下好名声，恰似仍在世上一样。同样，在母亲腹内时，如行接济，寿限会有多长也许早已刻定。在《坦尔埃甫和坦尔依甫》一书中，按艾米尔·本·阿斯所传，它记载了圣人的这种说法："在人的寿限只剩三天时，如行周济，则真主将其寿限延长三十年，在三十年的寿限期内，如不行周济，真主则将其寿限缩短为三天。"在伊斯玛仪·本·艾亚斯，达伍德·本·艾沙所传圣训中，称《旧约》里曾有这样的记载："行周济，高尚的情操和为亲近之人行好，会使家庭兴旺，财产增加，寿命延长。即便是这些人成为异教徒时，也是如此。"所谓一生中的福禄，就是以忍耐拜功求顺利，把时间用于后世之事。在去世后有优秀的后代为其灵魂做祈祷。在未来，这些事会怎样，安拉事先知道。安拉原定之物是不可增的。安拉的知识无尽，论理无际。安拉随时造就一切，更新环

境，造化万物。

论人的职业或自己的劳动

米克达木传，圣人说："靠自己劳动挣来的食物最好。真主的使者达伍德就是靠自己的劳动而生活的。"

论延长有困难的欠债者期限的益处

阿布胡赖勒传，圣人曾说："有位向人放债的商人，他一见到欠债者便对仆人讲：'你们宽待他吧！我们不是也希望安拉宽待我们吗？'因而真主宽待了那个商人。"

论假话会毁掉兴隆的买卖

哈肯·本·依扎木传，圣人说："买主和卖主只要未离开行商之处皆可自由经营。倘若他们在买卖时说实话，不隐瞒商品和钱币的缺陷，则他

圣训

110

们的买卖定会兴隆；倘若他们隐瞒商品和钱币的缺陷，买卖时讲假话，兴隆的买卖定会毁掉。"

论吃利息者

赛穆来·本·朱东传，圣人曾说："夜里做梦时我看见了两个人[1]，他们把我带到一个神圣之地。我同他们一起走到一条血河跟前，血河当中站着一个人，在河岸上的一堆石头前站着另一人。当河中人向前游去想离开血河时，站在岸边的人即向他的嘴里投去一块石头，让他回到原处。只要那人一打算离开血河，即向他的嘴里扔石子，迫使他回到原处。我问带我的人中的一人，这是谁？他说：'你见到的站在河里的人，就是吃利息的人。'"

①他们是哲卜利勒和木卡依勒。

论假誓

阿布胡赖勒传，他说他曾听圣人这样讲：

"假誓增加财富，但会丧失福分。"

论找寻好伴侣

布拉旦·本·艾比木沙从其父传来，圣人曾说："好伴侣犹如货郎担，坏伴侣恰似铁匠的牛皮风箱。你可买到货郎担的香料或闻到香料的香气。至于铁匠的牛皮风箱，会烧灼你的身体或你的衣服，或者使你闻到它的臭气。"

论提倡劝导

圣人曾说："要是有谁向自己的教胞求劝导，教胞即应向其劝导。"

论一心为真主的回报

伊本·乌买尔传，圣人说：有三个人一同外出，他们为避雨而进入一个山洞。这时，一块巨石从山上滚落下来堵住了洞口。于是，他

圣训

们说，现在让我们互相以各自生活中最珍贵的善功祈告真主求救吧！其中一人道："真主啊！我有龙钟老迈的父母，我放牧畜群，挤来奶子，首先让父母喝，然后才让孩儿与妻子喝。有天晚上，我迟误了，等我端来奶子，父母已睡着了，我不忍叫醒他们，而饥饿的孩子又跟在后边啼哭。为了让父母先喝奶子，我双手捧着奶碗，一直等到天明他们醒来。真主啊！倘若你知道我这样做是为了取得你的喜悦，就请你给我们启开一条能见到天空的缝子吧！"于是，巨石移动了一点。另一个人说道："真主啊！你知道，我爱我的表妹，我要求与她同在一起，她要我给她一百第纳尔，然后才同意。我找来一百第纳尔交给了她，她把自己交给了我。当我想与她交合时，她说：'你不怕真主吗？无结婚手续切勿这样。'因此我放下她便走了。真主啊！倘若你知道为了取得你的喜悦我才那样做的话，那么请你把缝子给我们再开大点！"巨石又移动了三分之二。另一个说道："真主啊！你知道，我使用了一个短工，议定报酬为一帕来克①玉米，他干完活未领酬金便走了。我种植了作为他报酬的玉米，并为他将其用于农业。收获增多了，我又用它买来牲畜和放牧牲畜的牧奴。过了些日子，他来了，并说：'请把真主仆人的报酬交给我吧！'我说：'这些牲畜和放牧牲畜的牧人都是你的。'他说：'你在戏弄我吧！'我说：'不是戏弄你，它们全是你的报酬。'真主啊！倘若你知道以上之事全是为取得你的喜悦，就请把这块巨石搬开吧！"于是，洞口巨石完全移开，他们也从山洞中安全得救。

① 阿拉伯容量单位，大约相当 350 公升。——译注

论画制出售无生命的物像

赛义德·本·艾比勒哈桑说，我正在伊本·艾布巴斯身旁时，有人前来问他："艾布巴斯呀！我有绘画的技艺，我想以绘画为生。"伊本·艾布巴斯对他说道，给你讲讲我从使者那里听到的话吧。我曾听使者说："若画有生命之像，真主会让你为画像注入生命以示惩罚，而画家绝对给它注入不了生命。"那人听了之后，吓得发抖，脸色蜡黄。伊本·艾布巴斯对

他说："你若无其他生计，仍想操此技艺，可画些树木之类没有生命的东西。"

论贩卖自由民的罪恶

阿布胡赖勒传，圣人曾说："真主讲，三种人在复生日是我的仇敌：第一种人是向我发誓立约但不实践者；第二种人是吞食贩卖自由民之钱者；第三种人是雇工不付报酬者。"

论替他人付债

阿布胡赖勒传，圣人说："拖延和不及时偿付富人的债款当属罪过。谁若借他人之钱，并让那人代向债主偿付，这种代付可以接受。"

论耕耘的益处

艾乃斯·本·马力克传，圣人说："任何穆

斯林若植树或种田，而后被飞禽或人、畜所食，那当是穆斯林的施舍。"

论为务农之需养狗

阿布胡赖勒传，圣人说："谁若养狗，他每日善功的回赐即减少一成。但为农业或牧业之需而养狗不在其内。"

论假誓

阿布杜拉·本·买斯伍德传，圣人说："谁若为侵吞一穆斯林的财物而假誓，真主定以盛怒相待。"

论未给出门人喝水者的罪恶

阿布胡赖勒传，圣人曾说："在末日，真主恼怒三种人，不让他们洗刷罪恶，并严惩他们。第一种，路途中有多余之水，但未给出门人喝

圣训

〇八三

的人；第二种，为今世利益而顺服伊斯兰哈里发，哈里发给点东西则满意，如未给则怀恨哈里发者；第三种，缴获后，将物品运至市场并向无伴的独一的安拉发誓，宣称顾主已对此货许价若干以诱使他人相信而出售货物者。"然后，使者念经文："如贪图钱财而贱卖对真主的誓言者……（9：60）

论给马和牲畜饮水

阿布胡赖勒传，圣人说："马会给一种人带来回报，也是使另一种人免于贫困的屏障，还会给另一种人造成罪过。马为其带来回报的是这样的人：他为圣战而精心养马，长时间放牧于园林，或放长缰绳牧马，当为它在园林所食之草而使马主得获回赐。如果缰绳折断马跳跃了几步，其跳过的痕迹和所拉粪便亦使主人获记回赐。马的主人虽未让其饮水，但马在途中，从所遇水渠中饮呓了水，也会使马主得获回赐；如为满足生活之需而增殖马匹和为不向人伸手乞要而养马，使其马经商以完成对真主的天课和不忘记将马用于圣战及不让马负重过量，那么马将成为使这种人免于贫困的屏障；如果为炫耀马匹，行欺诈和为与真正的穆斯林为敌者养马，马将给这种人带来罪过。"

论借人钱财

阿布胡赖勒传，圣人说："谁若为偿债而向人借钱，或以其他方法借用钱财，真主因其心地善良而予恩赐，使其便于偿还。谁若出自赖债的目的借人财物，真主将使其所借之物化为乌有。"[1]

[1]意为使其生活穷困和后世遭受刑惩。

论使者在借债上求护佑

阿依莎传，圣人在礼拜末尾祈祷："真主啊！祈求你在罪恶和债务上护佑我。"

圣训

论禁止浪费财物

穆恩来·本·速拜传，圣人说："真主禁止你们忤逆母亲，活埋女儿，不给应付之物和诈取不义之财。真主憎恶你们废话连篇，多问和浪费财物。"

论清算压迫者、暴虐者

艾布赛义德·胡得来传，圣人说："穆民离开火狱后，被拘聚于天园与火狱之间的一建筑中，以清算他们在尘世时彼此之间的仇怨，待他们的仇怨和对他人的欠债清理完毕，罪过被洗雪后，才允许进天园。指安拉发誓，进天园者识别自己在天园的席位比识别在现世的住处还要清楚。"

伊本·乌买尔传，他说，他曾听圣人这样讲："真主在末日使穆斯林接近自己，颂降恩典，并带至屏障前询问：'你有这种和那种罪，你知道吗？'仆人答：'是的，我知道。我的真主！'当仆人承认了自己的罪恶，以为一切全完了之时，安拉则对他说：'在尘世，我遮掩了你的罪恶，而今我又饶恕你。'并将记载善行的文卷交给他。至于那些异教徒和伪信者，由天仙、圣人、人和魔鬼组成的作证者则说，他们都是不相信自己真主的异教徒，异教徒一定会遭到安拉的愤恨。"

论穆斯林彼此是弟兄，应互相帮助与支持

伊本·乌买尔传："穆斯林是弟兄，应互不欺压和互不抛弃[①]。谁能满足穆斯林弟兄的需求，真主则满足其需求；谁能解除穆斯林弟兄的忧愁，真主则解除其在末日的一种忧愁；谁掩盖穆斯林的缺陷，在末日真主则掩盖其缺陷。"

艾乃斯传，当圣人说"你应襄助那虐待他人的和遭遇虐待的教胞"时，有一个人站起来问道："使者啊！我们可以襄助被虐待者，但虐待他人者，我们怎样襄助他呢？"使者道："你

应限制他作恶行亏。"

①意为保护他不受危害，或者在其遭遇不幸时予以安慰和帮助。

论欺压是漆黑的苦难

阿布杜拉·本·乌买尔传，圣人说："暴君的暴行在末日将是漆黑的苦难。"

论亏欠于人者

阿布胡赖勒传，圣人曾说："在精神上或物质上亏欠于人者①，不要拖到后世，而是今世就应使原主满意。作恶行亏者如在今世不使被亏害者满意而拖到后世，欠被亏者多少，即从作恶行亏者的善行中扣除多少交给被亏害者，作恶行亏者若无善行，则被亏害者的罪恶转由作恶行亏者承担。"

①钱财，伤损，甚至一记耳光均属此范围。

论掠夺他人土地者

赛义德·本·宰义德传，圣人说："谁若掠夺他人土地，在末日将让他背上那片土地向地下第七层走去。"

论诉讼中固执己见者

阿依莎传，圣人说："真主最厌恶在诉讼中顽固不化之人。"

乌木米赛乃曼的女儿再那甫传，她母亲乌木米赛乃曼曾对她说，圣人听见在房门前争吵者的声音时，便走到他们前面，说："我只是一个人，闹纠纷的人常常来此。你们也许一个比一个能言善说。因此，我也许会认为能言善说者的话属实，而做出有利于他的判决。倘若我将一穆斯林应有的利益判与他人，其益处会是一团火。这团火，当让意欲者接纳，或让意欲者放弃。"

阿布杜拉·本·艾米尔传，圣人说："有四

种品行，谁具有这四种，直至未抛弃它之前，他就是叛逆者；谁具有其中的一种，直至将它抛弃前，他就具备了叛逆者的一种品行。它们是：说假话、违背誓言、毁约、吵架时破口骂人。"

圣训

论受压者自己讨回亏欠

艾布勒海依尔，由乌克班·本·阿米尔处传来，乌克班说，我们曾问圣人："你派我们外出，去一些人家，而他们却不招待①我们。对此，你看怎办才好？"使者对我们道："你们如去一些人家，他们如以待客必须之物招待你们，你们可接受那些东西。如未那样做，你们可索取作为客人的应得之物。"

① 指不招待食物。

论不要阻挠邻居利用自己的墙壁

阿布胡赖勒传，圣人说："人们不应阻止邻

居在自己的墙上放置椽子。"①

① 在不那样做不行和在不损毁墙壁的条件下是允许的。沙斐依的早期观点认为这是合义之举，后期观点则为不让放也可以，但让放为好。

论坐在门前和路旁

艾布赛义德·胡得来传，当圣人说"你们当避免坐在路旁"时，众人说："不坐在那里不行，因为它是我们聊天的处所。"使者道："你们如若仍需坐在路旁，则应循路规而坐。"众人问："什么是路规？"使者道："路规就是为免于不道德行为而闭目，不伤害人，向道安问好者回礼，止恶行善。"

论扔掉路上的有害物

阿布胡赖勒传，圣人说："有个人行路时扔掉了碰到的一束有刺的枝条。真主回应他的这一善行，宽恕了他。"

圣训

论未经主人许可不得拿取其财物

阿布胡赖勒传，圣人曾说："行奸者若是真穆民，便不行奸了；饮酒者若是真穆民，便不饮酒了；偷盗者若是真穆民，便不偷盗了；掠夺人们财物者若是真穆民，便不掠夺了。"

论砸碎十字架和灭猪

阿布胡赖勒传，圣人说："马尔焉之子圣人尔撒为你们降世，他执政公正。在砸碎十字架、灭猪，废除异教徒税和财物暴增，甚至无任何人拿取[①]之时，那就是末日来临的预兆了。"

①因他们知这是末日预兆而不拿取。

论为保护财产而战之人

阿布杜拉·本·艾米尔传，他说，他曾听

圣人讲："谁若死于保护自己的财产，他当算殉教者。"

论疏忽大意和善行系于心意

圣人说："每个人都有他意愿之事，因疏忽大意而做的某些事，不能算作他的意愿。"

阿布胡赖勒传，圣人说："我的门徒只要不行或不讲来于心灵的恶念，真主就会为我而宽恕他们。"

乌买尔·本·海塔甫传，圣人说："善行之真系于心意，每个人都有其意欲之事，谁若为真主和真主使者的喜悦而迁徙，他会从迁徙中取得它；谁若为获得今世的钱财或讨娶一个老婆而迁徙，他当会从迁徙中得到它。"①

①为真主而迁徙者定得真主回赐。迁徙的目的若是为谋取今世利益或为讨娶老婆，则那人得不到后世的回赐。

圣训

〇九三

论端来饭食的仆人

阿布胡赖勒传，圣人曾说："仆人若为你送来饭食，应让他坐下一起食用，若仆人不能与你一起吃时，则应给他多多少少留下一点，因他经受了烹饪的辛苦。"

论如若抽打佣人切勿打脸

阿布胡赖勒传，圣人说："作战时，切勿抽打异教徒的脸面。"

论热衷礼物

阿布胡赖勒传，圣人说："穆斯林妇女们啊！邻居所赠的礼物，即使是一只羊蹄[①]，你们也不要嫌少而应收受。"

①指只有少许肉的一块骨头。

论勿收回赠礼

伊本·阿巴斯传，圣人说："收回所赠礼物之人，犹如重新吞食其呕吐物的狗一样，穆斯林民众要远离这种恶行。"

论女人厚道大方于丈夫以外的人

阿布·伯克尔的女儿艾斯玛传，圣人曾对她说："要厚道大方，勿敲诈勒索。若那样做，真主会切断你福禄的来源，或不再多给。勿做守财奴、吝啬鬼，若那样做，真主会使你食禄窘迫。"

论讲公道话

圣人曾说："讲公道话者有其讲话的好处，他是你们当中最能正确判断的人，最优之人。"

圣训

○九五

论穆民应拒绝为他人的错事作证

奴恩曼·本·拜西尔说："我母亲要我父亲把一些财产转付于我，起初他虽未同意，后来终于给我了。我母亲说，此事如未经圣人作证，她心里不安。于是我父亲拉着我的手把我带到使者跟前。那时，我还是个孩子。我父亲对使者说：'孩子的母亲比提拉瓦海，要我把一些财物转付给这孩子。'使者问道：'你还有其他孩子吗？'吾父道：'有啊！'对此，使者好像讲了'切勿让我为不正确之事作证'这样一句话。"阿布胡赖勒从夏比处传来的圣训说，圣人曾讲："我不会为不正确的事作证。"

依明拉·本·胡赛音传，圣人曾说："最优秀的人是生活在我这个时代的人〔圣门弟子〕；他们之后是生活于其后时代的人〔三传弟子〕。"依明拉说，圣人所指的是在他时代之后的两个时代还是三个时代，自己记不清了。圣人继续说："在你们之后会出现这样的人，他们是背信弃义者，他们是可作证而民众不请他们作证和违背自己对真主誓约的人。他们是为迷

圣训

恋钱财和享受而来今世的。"

论假证，并论为使人和解
而说的假话不算假话

艾乃斯·本·马力克传，圣人对哪些罪是滔天大罪的回答是："举伴真主，折磨双亲，屠杀无辜者和行假证的行为均属滔天大罪。"真主说："不作假见证的人们……"

乌克拜的女儿乌木米古勒苏木传，圣人曾说："为使人和解而说了利于和睦之言者不算说谎话的人。"

论被告在信誓之地发誓

圣人曾说："若有穆斯林出自吞并他人钱财的目的而假誓，安拉定以盛怒相待。"

阿布胡赖勒传，圣人曾说："安拉在末日不与三种人相谈，不让他们洗刷罪恶，而是严惩他们：他们是在路途中有多余的水但不给出门人喝的人；为获取今世利益才顺从伊斯兰哈里发，哈里发如满足其所求则如意忠诚，如若未满足其所求则耿耿于怀的无义者；缴获后与人交易，假誓有的雇主业已许价若干而出售者。"

论忠于誓约、诚实、可信

阿布胡赖勒传，圣人说："叛逆者的标志有三条：一讲话就说谎，贪污寄存之物，不忠于誓约。"

论教法中无有之事不被接受

阿依莎传，圣人说："谁若制造伊斯兰教中无有之事，那东西不被接受。"

论让人和解的品行

阿布胡赖勒传，圣人说："人体的各个关节，为感赞真主的恩赐，每日均应施舍，人在人们中的公正就是施舍。"①

①真主为人体的骨骼造就了关节，并使其能伸能缩。关节的精妙动作使智者为之惊愕，它就是真主赐予人们的特大恩典。人们为了感赞赐予那种恩典的真主而应施舍。真主为减轻人们的这一任务，特将人们所行正事之类的行为算作他们的施舍，两番主哈拜（太阳升起时礼的副功拜。——译注）也算施舍。当库巴人打斗互扔石头时，圣人曾对身旁的人说："你们快去，让他们和解吧！"这也是施舍。

论婚姻中不合情理的条件和不义的买卖

阿布胡赖勒传，圣人说："城里人不能代售①牧人带来的货物，不要为招徕顾客而假装抬高货物的价格。人，不能为破坏教胞所营生意而提价购买，不可开口讨娶业已同教胞定婚之女。女子不可为嫁人而拆毁自己姐妹的家室②，不能要求她的丈夫休妻。"

①指牧人携货物来城市，正要以当天市价出售时，城里人却对他说，把货物存放在我处，让我待机以高价为你出售的行为。

②指同一宗族、同乳或同教的姐妹，无宗教的亦

在此判定范围。

论临终时施舍的益处

阿布胡赖勒传，有个人问圣人："使者啊！什么时候所行施舍最珍贵？"圣人答道："当你身体健康、喜爱钱财、希求富裕、惧怕贫困的时候，你所行施舍最珍贵。勿拖延施舍，待到快咽气时你才说给那人多少，给这人多少，要知道，这时财物已转至他人之手了。"

论向亲属施舍的人

艾乃斯传，圣人对艾布塔勒海·宰义德·本·赛黑里说："把你的果园送给你的穷亲戚吧！"①于是艾布塔勒海将名为白拉哈②的果园送给了哈桑·本·沙比提和乌拜·本·坎依甫。

①当"尚未施舍你们所喜爱之物时，你们绝对得不到真正善行的回赐"这段经文降示时，艾布塔勒海

道："真主要我们施舍我们的财物。使者啊！你作证吧，我已为真主之道赠送了我的果园白拉哈。"

②艾布塔勒海在麦地那辅士中是财产和枣园最多之人。在其财产中，他最喜爱白拉哈枣园。他为求取真主的喜悦和后世的报偿而为真主之道施赠了这座果园。圣人说："好呀！这果园有幸，这果园有幸，我看你可把它送给你的亲属。"圣人常去白拉哈果园，在那里乘凉和饮水。

论吞食孤儿财产属七种不义之罪

阿布胡赖勒传，当圣人说"你们勿犯七种不义者之罪"时，人们问道："使者啊！它们是什么呢？"圣人道："那就是：为真主举伴、行妖术、杀戮无辜者、放高利贷、吞食孤儿①财产、逃避战争②、诬蔑清廉贞洁的穆斯林妇女。"

①未成年的死去父母的孩子。
②逃避战争和对真主宗教的支持与资助。

论圣战的益处

圣人说:"圣战之优等于笃诚的朝觐。"

论谁是最优之人

艾布赛义德·胡得来传,圣人对询问谁是最优者的人说:"以生命以财产为安拉之道出战的人最优。""然后呢?"圣人对询问者回答道:"进入一山谷①,笃信正道,和为避免危害他人而在山谷生活的人②。"

阿布胡赖勒传,我曾听圣人说:"为真主之道出征者——真主深知为其道出征者——犹如白目封斋晚上不睡而礼拜的人。真主担保为其道出征者殉教后立即进入天园,或赐其恩典平安地返回,或使其带着战利品平安地返回。"

①所谓山谷是指人迹罕到,人烟稀少之地,礼拜寺和家室无人之地亦属此意。

②孤身山谷的好处是,人在孤身山谷中可回避背后议

论和废话，在与人们来往中，若出现以上情况，还不如孤身山谷。但多数学者认为，与人们生活在一起才是最佳之事。在这方面，他们的根据是提尔米孜所传的这段圣训："在与人们来往中，能忍受他人危害的穆斯林能得到回报比不与人们来往和不能忍受他人危害的穆斯林要大。"

论圣战中的胜利者和
为真主之道殉教者的品位

阿布胡赖勒传，圣人曾说："谁若信仰真主和真主的使者，立行拜功，封赖麦旦月之斋，不论他是出征作战还是坐在自己出生的房屋里，真主定使其进入天园。"有人说："使者呀！何不向人们传报它呢！"圣人又对此人道："天园中有百种品位，它们都是真主给为其道出征者准备的，一级与一级之间的差别犹如天壤之别，你们向真主索要时就索要斐尔道司天园吧！斐尔道司在天园中最好和最顶级。"阿布胡赖勒称，圣人似乎还说过："斐尔道司之上有真主的宝座，那天园渠水就来自斐尔道司。"

赛穆来·本·准杜甫传，圣人说："夜里我梦见二位天仙来此，把我带至天园中一所最漂亮最宽敞的院子。这样漂亮的院落我未曾见过。他们告诉我，这就是殉教者的居所。"

论为真主之道出征负伤者的德行

阿布胡赖勒传，圣人曾说："指真主发誓，只要是为真主之道出征而负伤的人（真主至知为其道出征负伤的人），在末日其伤处颜色虽是血的颜色，但全是麝香的气味。"

论天园在闪闪发光的宝剑之下

阿布杜拉·本·艾比甫帕传，圣人说："你们要知道，天园处在宝剑的荫影之下。"

论首领苏来曼为圣战求子

阿布胡赖勒传，圣人说："圣人达吾德的儿子苏来曼圣人曾说：'今天晚上我要同我的一百个或九十九个妻子全都交合过来，让她们怀

圣训

孕，每人都为真主之道的出征生一个勇士儿子。'伴行天仙对他道：'你当祈求真主赐予。'但苏来曼圣人未祈求真主赐予，所以她们中仅有一个妻子怀孕，生了一个残缺不全的孩子。指真主发誓，如果他祈求真主赐予，妻子们就都会生育，孩子们全会成为勇士而为真主之道出征了。"

论在恐惧和其他方面祈求护佑

艾乃斯·本·马力克传，圣人曾这样祈祷："真主呀！我从软弱、懒惰、恐惧、衰老上求你护佑，我还从生活中的非难和死亡的厄运上求你护佑，我还从坟坑的罪刑上求你护佑。"

论殉教者有五类

阿布胡赖勒传，圣人说："烈士有五类：死于瘟疫者，肚痛致死者，水淹死者，墙压死者，为真主之道出征而死者。"

论为真主之道封斋的益处

艾布赛义德·胡得来传，他听圣人说："谁若为真主之道封斋一日，真主定使其身体远离火狱七十年。"

论为真主之道花用钱财的益处

阿布胡赖勒传，圣人说："谁若为真主之道而施双份物品①，天园各门的守门者就会召唤道：'某某人啊你到这里来吧！'"当阿布·伯克尔说："使者呀！难道这些人不感到胆怯吗？"圣人道："我希望你也成为他们那样的人。"

艾布德义德·胡得来传，圣人曾站在宣礼台上说："在我之后的时日里，我担忧你们迷恋人世间的荣华富贵。"接着，他讲述了人世间的荣华富贵，从地上的衣食福禄讲起又重复讲述了人世间的荣华富贵。这时，有人起立问道："使者啊，衣食福禄会带来恶果吗？"对此，圣人沉默不语。于是，我们想，默示可能正在降于

圣

训

圣人。这时，人们就像飞禽停立在头顶时那样的静寂②。之后，圣人擦去脸上的汗珠，随即问道："刚才发问的人呢？"他在三次重复"钱财是好东西吗？"一语之后，接着说："将钱财确实用于正当之处，它当会带来好处。为此，我特举两例为证。有些牲畜食青草过多，终于肚胀致死③，或几乎致死；有些牲畜吃饱青草之后，便晒太阳，排泄粪便，然后再吃。钱财似翠绿之物，看起来是漂亮、甘美之物。对那些用正当途径挣来的钱财为真主行善事，施用于孤儿、穷人、困苦者和出门人的穆斯林来说，钱财是多好的伙伴呀！而那些以非正当的办法弄来钱财和不用于该用之处的人就像吃不饱④的人一样，其钱财在末日将提供不利于他的作证。"

①为安拉之道圣战、传播圣人的训示、行善事和为建立宗教学府所用的钱物均包括在内。

②犹如人们为捉住立在头顶的飞禽而伫立不动一样。

③牲畜吃饱之后不消化、不拉不尿，必肚胀患病直至死亡。

④钱财越多越迷恋钱财，总嫌手中钱财太少。

圣训

圣训

论真主仆人的义务

穆阿日传，我跟在圣人名为乌派尔的毛驴后行进时，圣人道："穆阿日呀，真主对仆人的义务是什么？仆人对真主的义务又是什么？你知道吗？"我说："真主和真主的使者深知它。"圣人说："真主仆人的义务是敬拜真主和不为其举任何物为匹偶。真主对仆人的义务是不惩罚未为其举伴之人。"我道："使者啊，我可以向人们传示它吗？"使者道："不要传报了，勿让他们依赖于此。"

论视三件东西为不吉祥之物

伊本·阿巴斯说，我听圣人讲："如果有不吉祥之物，那就是三件东西：马、女人、庭院。"①

① 在伊斯兰教之前，阿拉伯人视三件东西为不吉祥之物，这是针对他们的情况而讲的典故。——译注

论在旅途中驮好同伴行李者的德行

阿布胡赖勒传，圣人说："人为了报答人体的各关节而应天天施舍——如协助一个人乘骑牲口，或驮好他们的行李，这当是襄助者的施舍。善言好语，为去礼拜所行的每一脚步是施舍，向人指路也是施舍。"

论在宗教之道上为出征
戎装待敌的益处

赛依勒·本·赛义德沙依提传，圣人说："为圣战准备待敌一日的本身贵于今世和今世之物[①]。圣战者的马鞭在天园的席位，亦贵于今世和今世之物。仆人，在晚上或早晨出征，也贵于今世和今世之物。"

①因今世福禄会完结，而后世福禄则用之不尽。

圣训

论尊重弱者

穆斯艾甫·本·赛义德传，当赛义德·本·艾比瓦喀斯视自己优于低于自己之人时，圣人说："你们当中弱者的祈祷功行当会使真主襄助你们和赐给你们食物。"

论人勿为功行骄傲

赛依勒·本·赛义德传，圣人在一次战役中与多神教徒交战，在一天的战斗结束后，穆斯林回到了自己的营地，多神教徒也回到了自己的营地。使者弟子中有个人，在战场上，一旦发现多神教徒就举刀杀去。关于他，有人说，今天在我们当中要数某某人最勇猛善战了。使者却说："那人当入火狱。"于是，这话引起了人们的注意。人群中有个人原想同他并肩战斗，于是便跟着他行进。他停亦停，他行亦行。那人负了重伤，忍受不了剧痛，想快点死。他以刀尖刺向怀里，一使劲便自杀了。这时，随他

圣训

行进的人来到使者跟前说道："我作证，你确为至圣。"圣人问："你想说点什么吗？"他道："你刚才说那人当入火狱，我曾跟在他的后面行进，他负了重伤，急于死去，便举刀刺腹，终于死去。"于是，圣人道："有的人看起来好像做了可进天园的善行，实则他当入火狱；另一人看起来当入火狱，实则他却当进天园①。"

①乃外威说：本段圣训指出人们不得为自己的功行而骄傲和依赖于它。因为按照命运，情况是变化的。同时，有罪的仆人不应失望于真主的恩赐。

论与犹太人的战争

阿布胡赖勒传，圣人说："你们应当与犹太人①作战，直至后面匿藏着犹太人的石头说'喂！穆斯林，我后面藏有犹太人，快来杀掉他吧'②之时，末日就降临了。

①指圣人尔撒从天而降时与魔鬼在一起的犹太人。

②它指出伊斯兰教和穆斯林在圣人尔撒从天而降之前就已存在。他与魔鬼撕杀，并杀戮与魔鬼站在一

起的犹太人。

论与突厥人的战争

圣训

艾米尔·本·坦额里甫传，圣人曾说："当你们同脚穿皮窝子和毡靴的人群作战时，那就是末日的征兆。当你们同脸面恰如用熟牛皮缝制起来的盾牌形状、身体又粗又壮[①]的人群作战时，那就是末日的征兆。"

①拜礼维说，他们脸面之宽与圆就像用肌肉与牛皮缝制的盾牌一样。

论听从穆斯林首领之话和服从他的命令是义务，并论圣人作战

伊本·乌买尔传，圣人曾说："既然他们不令行罪恶之事，那就应听从穆斯林首领[①]之话和服从他们的命令。如果他们令行罪恶之事，当不应听从他们的话和服从他们的命令。

乌买尔·本·阿布杜拉的释奴和文书沙里

木·艾比乃孜尔传，阿布杜拉·本·艾比艾甫帕在给乌买尔·本·阿布杜拉的信中写道："圣人在早晨不能出征圣战时，便稍候一会，俟太阳升空后便立即出征。"圣人在讲演时说："众人哪，你们勿期待与敌相遇②，应祈求真主护佑平安，当与敌人相遇时要沉着，你们知道，天园在宝剑的荫影之下。"圣人接着又说："真主啊！你是古兰的降示者，驱动彩云运行者，战胜敌人群体者。祈求真主让敌人战败和让我们获胜。"

阿布胡赖勒传，圣人说："倘若我不顾及教徒的不便③，我就不必离开任何队伍了，但我没有大骆驼和人们乘骑的牲口，圣战我能去而他们不能去，这使我甚感为难。指真主发誓，我愿为真主之道圣战殉教，然后复活再圣战再殉教，然后再复活。"④

①指穆斯林的君主、哈里发、学者、法官等。

②因事物的结局人是不知的。

③如不能参加圣战，他们心里难受，让他们去吧，又不能满足征途之需。

④由此可见，圣人为使伊斯兰教占据优势，和使自己成为信徒表率的意志将成为教徒们向往的最优品

位。真主啊，让我们在按他的圣行行事中取得成功吧！

论高声赞念"大哉真主"不好

圣训

艾布母撒·艾西艾尔传，我们同圣人一起上路，当我们走到一洼地时便高声赞念"除安拉外，别无他主"和"大哉真主"。圣人说："你们小声点念，你们并不是在召唤聋子和隐士。真主同你们在一起，真主是至听者和最近者。真主的名字是神圣的，是全知一切的。"①

①由此可见，高声赞念和祈祷不好。

论旅行者和患病者在家时和
健康时的功课均有回赐

艾布母撒·艾西艾尔传，圣人说："仆人在患病①或旅行②时，亦将得到他在家时、健康时所做功课的回赐。"③

一一四

①移斯林在患病之前所做的一些礼拜，因病而未能再做，若无疾病的阻挠有心继续礼拜的话。

②所行礼拜为旅行所阻而未做成的话。

③伊本·派塔勒说："这判定属副功拜，天命拜不得因旅行或患病而免去。"伊本·穆尼尔说："如健康定能完成，却因病之故对完成全部或部分力不所及的礼拜，亦像完成了功课那样将得获回赐。甚至因病之故坐行天命拜亦会获立站礼拜的回赐。"

论单独行路不好

伊本·乌买尔传，圣人说："如果众人像我一样知道单独行路的危险，那么任何人都不会在夜晚单独行路了。"

论基督教徒和犹太教徒
成为穆斯林的益处

沙里·本·海艾比哈桑夏依传自艾布布尔旦，他又传自其父，他讲，圣人曾说："三种人被授予两次回赐：谁若让自己的女婢上学，施以良好的教育，然后释放，并与她结婚，则这人被赐予两次回赐；基督教徒和犹太人信仰自己的圣人尔撒或穆撒，同时又信仰我，也被授予两次回赐；一个奴隶，如完成对真主的职责①，又忠于主人②，则也被回赐两次。"

① 如礼拜、封斋。

② 如忠于职守。

论发难者杀伤生物

阿布胡赖勒传，他听圣人说："有位圣人为一只蚂蚁所咬，因此，他下令烧掉蚂蚁窝，安拉通过默示对他说：咬你的只是一只蚂蚁，而你却烧掉了整整一窝为真主诵念感赞词的蚂蚁。"①

① 圣人禁止伤杀蚂蚁和蜜蜂。

论在作战上发生争执和分歧不好

赛义德·本·布尔旦从其祖父处传来，圣

人派穆阿日同艾布母撒·艾西艾尔去也门时，曾对他们说："你们办事应当简便，不要搞得太繁杂，应向人们报喜讯，勿恐吓他们，要和睦，不要闹分歧。"

论从敌人手中夺回战俘

艾布母撒·艾西艾尔传，圣人说："你们应从敌人手中夺回战俘，让饥饿者吃饱，慰问伤病者。"

论隐藏战利品是教法禁止的和真主说"谁隐藏战利品，在末日即同隐藏物同处一起"

阿布胡赖勒传，他说，圣人有一天站在我们当中，在讲及隐藏战利品时，他对此很是重视，认为这是大事。他说："在末日，我不想看到：有人脖子上挂着咩咩叫的羊对我央求：'使者啊，请你救救我。'那时，我将对他说：在真主面前，我不能袒护①你的任何事情，因我已向你传述了真主的旨令。脖颈上挂着嘶鸣

圣训

的骆驼的人对我央求：'使者啊，请你救救我。'我将对他说：在真主面前，我不能袒护你的任何事情，因我已向你传述了真主的旨令。金银财宝被挂在脖颈上的人对我央求：'使者啊，请你救救我。'我则对他说：在真主面前，我不能袒护你的任何事情，因我已向你传达了真主的旨令。脖颈上挂满飘摆着的衣服的人对我央求：'使者啊，请你救救我。'我则说：我不能袒护你的任何事情，因我已向你传述了真主的旨令。"

①这些话是为了严禁隐藏战利品。不然，使者原本就是犯罪仆人的求情者。

论战利品的五分之一应用于圣人和穷人之需，视寄居者①、孤儿、寡妇的利益重于自己的利益并将战利品中自己的份额用于他们之需

大贤阿里传，法提玛因感到推磨艰辛，常叫苦不已。她听说在圣人应得的战利品中有个奴隶，因此，想给自己要个佣人。于是去圣人

处，但未见到圣人，在将来意告诉阿依莎后便回去了。圣人回来后，阿依莎讲述了法提玛的来意。阿里说：那时，在家里我们已经就寝入睡。圣人进来了，我们想起来，他道："你们别动。"随即坐在我们当中，我甚至感觉到了他靠在我胸旁的发冷的双脚。圣人对我们说："让我给你们讲讲比你们所求要的更好的东西吧！你们入睡时当念三十三遍'真主至大'，三十三遍'真主至洁'，三十三遍'万赞归主'。念诵它当贵于你们所求要的东西。"②

穆阿维耶·本·阿布·苏福扬传，圣人说："真主如意欲向谁赐好，则使他精通宗教知识。真主是赐予者。至于我，只是个分配者③。这些教徒在末日来临之前，定将压倒自己的对手。"

①在麦地那圣寺起居生活的一些无居所的穷弟子。

②另一传述称，圣人曾对他们说："指真主发誓，当寄居者饥饿难忍，而我又找不到给他们吃的东西时，就不能给你们佣人了，我要卖掉奴隶把钱送给寄居者。"

③意为恩赐属真主，我没有这种资格，我仅分配真主恩赐的福禄、知识和人们的遗产。

圣训

圣训

论圣人将分得的战利品份额送给
身心倾注于伊斯兰教和其他人

艾乃斯·本·马力克传：我与圣人同行，他身披衣边用粗布缝制的奈吉兰无袖长袍[①]。一乡下人来此，他使劲地拉扯圣人的长袍。我看他拉扯得那样厉害，以至衣边在圣人肩部勒出了痕迹。乡下人随后对他说道："把你手中真主的财产赐给我吧！"于是，圣人看着他，笑了起来，随后命人给了他一些东西[②]。

穆罕默德·本·主派尔·木提艾木传，我父亲曾对我说：我们与圣人刚从侯乃尼圣战归来，乡下人截住使者索要战利品，并将他挤至一株橡胶树下。树挂住了圣人的长袍，他随即道："快把我的长袍还给我，如果我的财富像塔哈麦树林那样之多，当然会全部分给你们了。那时，你们就会知道我并不是吝啬鬼、说谎者和胆小鬼了。"

①在也门奈吉兰地方缝制的长袍。

②由此可见圣人是非常和蔼可亲的，对自己和对

财物的损失是颇能忍耐的。

论竞比财富和征收
犹太教徒、基督教徒税

辅士艾米尔·本·艾胡传，圣人命令艾布乌拜旦·本·剪尔拉去拜海尼征收异教徒税。圣人曾与拜海尼人媾和并曾任命艾拉·本·海日拉米为他们的长官。辅士们听说艾布乌拜旦从拜海尼运来了货物。他们来礼晨拜，并与圣人一起做了礼拜。圣人礼毕回去时，他们拦住圣人，使者瞧着他们笑着说道："你们必定听说艾布乌拜旦带来什么东西了吧？"他们答道："使者，是这样。"圣人道："你们当为使你们欢乐的东西感到高兴和等待它吧！向真主发誓，我不怕你们贫穷，但是我担心你们像前人发财致富那样也发财致富，以致你们也像前人因贪恋财富被毁灭那样而被毁灭。"①

①指迷恋财富会使人丧失宗教信仰。

圣训

一一二

论防备敌人奸计和真主所示
"倘若他们欺骗你，安拉定会襄助你"

圣训

艾福·本·马力克传，在台布克战役，我去圣人那里时，他正在熟皮制作的帐篷里。他说："你听听末日前的六种征兆吧！它们是：我的去世，阿克萨清真寺被占领，羊瘟般的瘟疫在你们当中泛滥①，大量死亡的出现，钱财暴增②，以致给人一百金币他还生气嫌少，任何阿拉伯人家庭皆不可避免的最后劫难③的出现，拜占廷人与你们缔约④后随即毁约，并向你们派来每面旗帜下有一万二千名士兵，共有八十面旗帜之众的队伍。"

①在大贤欧麦尔任哈里发时发生瘟疫，三天中死去了七万人。也有人说这也是使者预示的信息。

②在大贤奥斯曼任哈里发时，许多地方被占领后出现的繁荣。

③大贤奥斯曼被杀即为劫难之始。

④停战条约。

论不管是好人还是坏人
违背誓约均属罪恶

伊本·乌买尔传，我听圣人说："在末日，每个违约者均会被插上一面违约之旗。"

论造化最初的万物

依木拉·本·胡赛音传，他说，我把骆驼拴在门上后去圣人处，正逢来自拜尼坦米木部落的一群人在晋见圣人。圣人对他们说："拜尼坦米木人哪，你们接受预示吧！"①他们对使者说："你已预示，而今该赐给我们财物了！"此话他们接连说了两次。此后，又来了一群也门人，使者对他们说道："也门人哪，你们接受预示吧！因为拜尼坦米木人没有接受它。"他们说："使者啊，我们接受它了。我们来此是为了探询最初创造的东西是什么。"圣人说："真主原先是孤独的，单一的，除真主外不存在任何东西。后来，真主在水上建造了宝座。然后，又将宇宙间万物的命运写进命册和造化了天地。"

阿布胡赖勒传，圣人说："真主造化了万物和人之后，命令神笔将'我的恩赐确宽于我的罚惩'写入命册。被写录之事惟安拉知道，命册存于宝座之上。"

①意为你们应向我学习进入天园所需的宗教知识。

论天仙并论众人应与真主为友者结友，及腹中孩子的造化过程

阿布胡赖勒传，圣人说："真主若与一仆人为友，即召为来哲卜利勒，说：'安拉与某人为友了，你也应与他为友。'因此，哲卜利勒便与其结友。哲卜利勒召呼天上的人，说真主与某人为友了，你们也应与他为友。因此天上的人便与其结为朋友。在此之后，他便成了地上的人们①与其结友之人。"

宰义德·本·瓦里甫传，阿布杜拉·本·买斯伍德曾对他讲，自己所言属实和其真实已为真主所证实的圣人曾说："人，在母亲腹内先是精子，为被造化而处于准备状态四十天。然

圣训

后成血块四十天，再后是一块肉又四十天。以后安拉派来一位天仙，命其刻写四事：食禄②、寿限③、福乐或祸患。尔后安拉为其注入生命④。谁奉行了善功，当他因此离天园只差一臂之距时，因在其母腹内已命定该进火狱之故，而在此时做了入火狱的坏事则进火狱。谁干了坏事，当他因此离火狱只差一臂之距时，因在其母腹内已命定该入天园之故，而在此时做了进天园的好事则入天园。"⑤

阿布胡赖勒传，圣人说："在主麻日，礼拜寺的每座门均站有天仙，把提前来聚礼的人分第一、第二……录记下来。当伊玛目讲经布道时，即叠好记录文卷聆听讲经布道。"

艾布再尔传，圣人说，圣人哲卜利勒对我说："你的信徒中只要是不为真主举伴匹偶而离开今世的人定进天园，或者是不进火狱⑥。"艾布再尔向圣人问道："如果他行奸淫，行偷盗也能进天园吗？"圣人道："那样干了也进入天园。"⑦

阿依莎传，她说，我给圣人装制了一个枕头，是个小枕头，其上有绣像。圣人立在两座门之间，脸色骤变。我问使者："你脸色骤变是因何故？"他问："这是什么枕头？"我道："这

圣训

一二五

是为让你垫头而装制的枕头。"使者道："难道你不知道，天仙不进有画像的房子⑧，在复生日还要让画像为其所画之物⑨注入生命以施惩罚吗？"

圣训

①认识他的穆斯林与其结友。

②指食物是合义的还是非义的，是少还是多，或指安拉赐给他的学识和其它。

③寿限的长短。

④安拉之所以分段造化人类，乃是为使怀胎的母体逐渐习惯，并使其不感因难直至完成妊娠以生养出美丽、漂亮、聪明的孩子。它表明安拉是万能的。同时，也是为了让众人感赞安拉在末日使人复生的无比能力。

⑤由此可见要视事情的后果方可定论。真主呀，祈你使我们能有好的结果！

⑥不永远呆在火狱。

⑦但也有别，饶恕奸淫是安拉的权力，饶恕偷盗则是仆人的权力。

⑧因它与安拉造化之物相同当属大罪。所以记录人们善恶的天仙不进其内，因为他们任何时候都不离开有悟性的人。

⑨指动物画像，画无生命物之像则毫无关系。

论丈夫召呼上床而不答应的妻子

阿布胡赖勒传，圣人说："丈夫叫妻子上床，如不答应，丈夫为此生气而躺下，那么天仙会把那个女人诅咒到天明。"

论天园、进天园者和为他们备就之物

阿布杜拉·本·乌买尔传，圣人说："你们当中谁若死了，其安身之处在早晚已为其备就①。如果他是进天园者，那么，天园的席位已为其备就。如他是进火狱者，火狱席位亦为其备就。"

阿布胡赖勒传，圣人说："真主讲：'我已为我的优秀仆人在天园备就了眼未见、耳未闻和任何人都不知晓的丰盛食物。'阿布胡赖勒，你们若愿意就诵念这段经文吧：'他们任何人都不知道在真主御前备妥的和使他们兴奋的宽厚回赐的实质……'"（32：17）

阿布胡赖勒传，圣人曾说："首批进天园者的形象犹如十五的圆月。他们进天园后，不吐

圣

训

二二七

痰，不流鼻涕，不解便。他们使用的器皿是金的，梳子是金的和银的，香炉烧的是沉香，他们身体排泄的汗是麝香的香气。他们每人有两个妻子，其美貌动人可从肌体外看清小腿的骨髓。他们之间无纷争、仇怨之类的事情。他们的心如一人的心，他们成天感赞真主。"

赛依勒·本·赛义德传，圣人说："我的教徒的形象犹如十五的明月，七万或者七十万②人一定会同经一路进入天园。"

①为显露此判定而复活其身体的一部分或仅备就于他的灵魂。

②是七万还是七十万传说者已无印象。

论火狱和进火狱者的形状

阿布胡赖勒传，圣人说："火狱向其养主诉苦说：'真主啊，我自己吞吃了自己。'于是安拉允许它夏天出气一次，冬天出气一次，一共二次。这就是你们所经历的夏季酷暑，冬季严寒的由来。"

阿布胡赖勒传，圣人说："你们在今世烧用

的柴禾温度只及火狱火力的七十分之一。"他对问及"使者呀，在焚烧异教徒与叛逆之徒时今世的火力不是已足够了么"的人说："火狱火焰的温度高于今世火力六十九倍，它的每一度温度即为今世的火力。"

乌沙曼·本·宰义德·本·哈尔孜传，圣人说："在末日，有个人被拉来投入火狱，在火狱中他的肠胃喷了出来，他就像推磨的毛驴一样在那里团团转。火狱中的人围着他，说道：'喂！某某人哪，在世时你不是曾行训戒，令人行善，命人止恶吗？'那人说：'我曾命你们行善而我未行善，我曾阻止你们作恶，而我自己却作了恶。'"

论魔鬼和他的士兵

伊本·阿巴斯传，圣人说："你们谁若与妻子交合，在诵念奉安拉之名后再念：真主啊！祈你使魔鬼远离我们和你给我们的子嗣——则魔鬼伤害不了此时所得子女。"

加比尔传，圣人说："当夜幕降临或进入夜间时，你们要把孩子叫回来，因为这时魔鬼外出，在夜晚过去一定时刻后再让他们出去。你们当呼着真主之名把门关好，呼着真主之名把灯吹灭，呼着真主之名把皮袋口扎好，呼着真主之名把食具盖好。"

阿布杜拉·本·艾比坎塔旦传自其父，他说，圣人曾讲："好梦来自安拉①，恶梦来自魔鬼。你们谁若因做恶梦而生惧，当让其向左边吐唾沫，祈求真主从魔鬼的歹意上护佑，则魔鬼伤害不了他。"

阿布胡赖勒传，圣人说："谁要是念一百次'除安拉外，别无他主，独一无偶，全权和万赞属于真主，真主全能于万事'，即赐他释放了十个奴隶的回赐，为他写录一百次善行，勾销其一百个错误。这祈祷在当晚又是他防范魔鬼的堡垒。其他人的善行赶不上每天念诵此语百次以上之人。"

阿布胡赖勒传，圣人说："你们听见公鸡啼鸣时，应祈求真主宽恩。因为，在此时公鸡看得见天仙。你们听到毛驴嘶鸣时，应祈求真主从魔鬼的歹意上护佑。因为，在此时毛驴看得见魔鬼。"

----

① 梦的内容或为圆梦。

圣训

论消灭有害的动物

阿依莎传，圣人说："五种有害动物就是在神圣之地①亦应消灭，它们是：老鼠、蝎子、鹞子、乌鸦和疯狗。"

①即在圣地亦如是。

论杀猫的坏处

伊本·乌买尔传，圣人说："有个女人不给猫吃食，也不让它吃地上的小生物，捆而致死，因此她进了火狱。"

论苍蝇落在食具上怎么办

阿布胡赖勒传，圣人说："如果苍蝇落在食具上，先将它沉入水里，然后取出扔掉。因为它的一只翅膀有病菌，一只翅膀有药物。"

圣训

一三二

论给饥渴者喝水的益处

阿布胡赖勒传，圣人说："一只狗立在井口，伸长舌头，干渴得快要死去，一淫女经此，她脱下靴子用头巾系好，从井中打来水让狗喝。为此，安拉饶恕了她。"①

①她得到了真主的宽恩。由此可见，人做了点好事真主就会勾销其大罪。

论圣人阿丹和他的子孙被造化的形态

阿布胡赖勒传，圣人说："真主在造化圣人阿丹时，其身长达六十臂。然后对他说：'你向那些天仙们道安和接受他们回敬你的问候吧！——这就是你和你的子孙后代所用的礼节。'于是，圣人阿丹向天仙们道："祝你们平安！'天仙们回道：'祝你平安和祈真主向你赐福！'天仙们回道时增加了'祈真主向你赐福'一语①。进天园者在入天园时均以圣人阿丹之形进去。从圣人阿丹时起迄至今日，人们在面貌和身长方面正在退化。"

阿布胡赖勒传，圣人说："最先进天园者的容貌之美，犹如十五的明月。在其后进天园者的容貌之美犹如天际最明亮的星辰。他们不大小便、不吐痰、不流鼻涕，他们的器皿是金的，汗水是麝香的香气。他们烧的是沉香，他们的妻子是妩媚动人的美女。他们被造化为圣人阿丹的形态，身长六十臂。"

①这就是在穆斯林中为打开友谊与和睦之门而最早采用这一礼节的由来。

论人们的灵魂是各式各样的

阿依莎传，我曾听圣人说："人们的灵魂①上各不相同，在今世德行脾性相同者能合到一块，德行脾性不同者则弄不到一块。"

①指人体的本性。

圣训

一三三

论圣人易卜拉欣

阿布胡赖勒传，圣人说："易卜拉欣圣人八十岁时，才用斧头施行了割礼。"

伊本·阿巴斯传，圣人说："祈安拉恩赐伊斯玛仪的母亲①，如果她不心急②，渗渗泉便会泉涌不止了。"

伊本·阿巴斯传，他说，圣人为哈桑和侯赛因向真主求护佑时，曾念："我赞念真主，祈真主在一切恶魔、毒虫和各种恶人的歹意中以真主的慢语护佑我们。你们的祖先易卜拉欣亦曾以上述祈祷词为伊斯玛仪和伊斯哈各向真主求护佑。"

①名哈剑尔。

②圣人伊斯玛仪在口渴时，天仙哲卜利勒莅临住地，用脚掌挖地，流出了水。哈剑尔随即把水的四周围了起来，并用双手将水盛入皮袋。

圣训

论肉类腐烂的原因

阿布胡赖勒传，圣人说："以色列人如若不吃储存的肉①，肉是不会腐烂的。如若海娃不哄骗人祖阿丹，那么妻子就永远不会哄骗②自己的丈夫了。"

①据传说，当以色列人在撒哈拉沙漠迷路时，真主赐他们食用鹌鹑，虽曾命令他们勿储用该肉，但他们仍储食了它，致使鸟肉受压致腐，这就是肉类腐烂的由来。

②海娃、圣人阿丹因魔鬼的诱惑而贪食了安拉禁树之果，以致海娃的子孙后代也染上了这种劣行。

论圣人达伍德的礼拜和封斋

阿布杜拉·本·艾米尔传，使者曾对我说："真主最喜悦的斋是圣人达伍德的斋戒，他一日封斋，一日不封。真主最喜悦的礼拜是圣人达伍德的礼拜，他睡至前半夜，在夜里三分之

圣训

一三五

一时分做礼拜，然后再睡两个小时。"①

①夜间以十二小时计，前六小时睡觉，然后做四小时礼拜，之后睡二小时。——译注

圣训

论人们扑向火狱之火犹如飞蛾扑灯

阿布胡赖勒传，他听圣人说："在敦捉人们崇信伊斯兰教时，我好比是从火狱之火中挽救他们的人。人在背离信义和迷恋财色私欲时就像自扑于火的飞蛾①和其它昆虫一样。"

①飞蛾为找寻白昼的光明而自扑于灯。飞蛾在夜间见着灯时，感到自己身处黑屋，便视灯为黑屋里的光明，为飞向光明而使自己飞扑于灯。飞蛾附在灯上直至烧死前还在为摆脱黑暗而追寻光明。伊玛目爱孜扎里说："你也许会想，这是因为飞蛾的无知与无能所致。须知，人的无知有过于飞蛾的无知。因人常为迷恋私欲而不能自拔并毁灭于此，以至永留火狱。所以，较之飞蛾的无知来说便是更大的无知了。因此圣人说：'你们扑向火狱犹如飞蛾扑灯，而我要挡阻你们。'"

论马尔焉之子圣人尔撒从天而降

阿布胡赖勒传，圣人说："指真主发誓，马尔焉之子尔撒为你们从天上降临，他主持公道，砸碎十字架，灭猪，免除异教徒税[①]，直至钱财多到施舍它时竟无任何人接取。在这时，为真主所行的一个叩拜，当强于今世的一切东西。"

[①]因其他宗教的教徒改奉了伊斯兰教，所以免除了他们应交纳的赋税。

论以色列人

阿布胡赖勒传，圣人说："以色列人原由他们的圣人治理，一位圣人去世，另一位圣人则继任其位。在我之后，再无圣人。继承我的是哈里发，他们人很多。"门弟子问："如在他们之间为哈里发之位发生争执，你该命令我们怎么办呢？"使者道："你们当服从你们最先归服的哈里发，再服从以后的哈里发，完成他们的

圣训

一三七

责令①。如果他们未履行对你们的责任，在末日，安拉会追究他们的罪责②。"

伊本·乌买尔传，圣人说："你们的寿限与从前信徒的寿限相比处于晡礼与太阳降落之间的时分，你们同犹太教徒、基督教徒的境况犹如下例：有个人想雇用短工，他说，谁为我干到中午，我付他一克拉提③的报酬。于是，犹太教徒为一克拉提报酬为他一直干到中午。随后他又说，谁为一克拉提的报酬替我从中午干到晡礼，是基督教徒为这一克拉提的报酬，为他从中午一直干到晡礼。然后，他问，谁为二克拉提报酬，能替我从晡礼时分干到太阳降落之时。但是，为二克拉提报酬能从晡礼时分干到太阳降落时为止的人只能是你们。你们听着，你们的报酬比他们长一倍。因此，犹太教徒与基督教徒为他们干的活多报酬少大为不快。真主对他们道：'难道你们的报酬我给少了吗？'他们答：'没有。'真主道：'这就是我的特恩，我只将它赐予我意欲之人。'"

准杜甫·本·阿布杜拉传，圣人说："在你们之前的门徒中有个人，他身有一伤，忍受不了剧痛，于是用刀子砍掉了手，后因血流不止而死。真主道：'我的仆人忙着死去了，我看天园不属于他④。'"

阿布胡赖勒传，圣人说："以色列人中，有三个人，一个是白癜疯患者，一个是秃子，一个是瞎子。真主派去一位天仙，以考验他们。天仙首先来到白癜疯患者跟前并问：'你最喜欢什么东西？'他说：'人们嫌恶我，我最喜欢完好的皮肤和它的美丽的颜色。'于是，天仙抚摸他，他的颜色变了，皮肤也光滑美丽了。天仙又问他：'你爱什么牲畜？'他说：'我爱骆驼和牛。'（白癜疯患者和秃子大约一个喜欢骆驼，一个喜欢牛。到底谁喜欢什么，我记不准了。——传述者注）真主即赐给了他一只怀胎的母驼。天仙对他说：'愿此驼之福于你源源不绝。'天仙来见秃子，问道：'你最喜欢什么？'秃子说：'人们嫌恶我，我最喜欢完整的头顶和美丽的头发。'天仙遂抚摸他，他的头顶完整了并长出了漂亮的头发。天仙又问他：'你最爱什么牲畜？'他说他最喜欢牛。真主赐给他一头怀胎母牛。天仙对他说：'愿此牛之福于你源源不绝。'天仙来见瞎子，问道：'你最喜欢什么？'瞎子说：'祈真主启开我的双眼，使我能见到人们的面容。'天仙遂抚摸他，真主使其双眼重见了光明。天仙问他最喜欢什

圣训

一三九

么牲畜？他说他最喜欢羊。真主即赐其一只怀胎母羊。他们的牲畜繁衍增殖，白癫疯患者有了一山谷的骆驼，秃子有一山谷的牛，瞎子有了一山谷的羊。然后，天仙以原形来到原白癫疯患者跟前，说道：'我是个穷人，旅途中我无法找到食物，今天我的请求能否解决除真主外就决定于你了。看在赐你美丽的皮肤，美丽的颜色和牲畜的真主份上，向你要一只骆驼以解决我旅途之需。'他答道：'我经营牲畜的支出太大。'天仙又对他说：'我好像认识你呀！你不就是人们嫌恶的乞丐白癫疯患者么？是真主赐给你牲畜的呀！'他答道：'不，这些牲畜是我富有的祖先留下来的遗产。'天仙道：'你如果说假话，当求真主恢复你的原状。'天仙又以原形来到原先的秃子跟前，向他问及了曾向白癫疯患者问过的话，秃子的回答亦同白癫疯患者一样，天仙对秃子道：'你如果说假话，当求真主恢复你的原状。'天仙又以原形来于原先的瞎子跟前，说道："我是穷困的旅行人，旅途中食物用尽。今天我的要求能否解决除真主外就决定于你了。看在恢复你视力的真主份上，我向你要一只羊以解决我旅途之需。'瞎子道：'我原是个瞎子，是真主使我的双眼重见光明，我原是穷人，是真主使我致富。你随意拿吧！指真主发誓，你为真主拿取东西，我决不留难.'天仙对他道：'你留用你的财物吧！真主已考验了你们。安拉喜悦你了，但恼怒你的两位伙伴了.'"

阿依莎传，买黑主木人中一妇人行窃之事，使整个古来氏部落深感忧虑，人们说："为这事，谁能向使者说情呢？看来，只有使者喜欢的乌沙曼·本·宰义德了。"于是，乌沙曼就去向使者说情。当使者问到"你是否还想坚持真主所定法规"时，即从坐席上站起来发表演说，他道："以色列人颓毁的原因是他们对贵族偷盗放纵不管，对下等人偷盗则行刑执法所致。指真主发誓，如果穆罕默德的女儿法提玛行盗，我必砍断其手。"

伊本·买斯伍德传，圣人说："'如果你恬不知耻，想干什么就干什么'这句话原本是过去的圣人留给后人的教诲。"

伊本·乌买尔传，圣人说："有人⑤狂傲之至，以致大地吞没了他，直至末日沉陷于地层。"

①你们归信他们，这样做就是弘扬伊斯兰教，你

们将因此而避除灾难、厄运。

②因他们对你们负有责任，你们当得回赐。

③一克拉提相当于一第纳尔的二百一十分之一。——译注

④自杀为禁戒之事，他却视自杀为教法允许的行为而终成叛逆之徒，这就是人自杀或杀他人系重大犯罪行为的重要根据。

⑤指哈伦。

论编说祖先和编说假梦之人

瓦斯来·本·艾斯喀传，圣人说："最大的谎言乃是将他人生父说成是自己的父亲，或耸言他看见了他未曾梦见的东西，或谎说真主对使者讲了什么。"

论至圣为填补使者的空隙而降临

加比尔·本·阿布杜拉传，圣人说："我和众圣，犹如在一个人修筑的漂亮完美的房舍里，惟独留下一土坯之大的缝隙一样。进

入房内目观此状的人感叹地说，如把那土坯的空隙填补起来，它就是一座完美无缺的房屋了。"

论圣人的形象

伊本·阿巴斯说："圣人非常谦虚好学，在斋月与哲卜利勒相晤时，更是谦虚好学。哲卜利勒在斋月的每个夜晚同圣人相会，向他教授古兰。圣人善行的泉源比驱来的云雨之风还大和多。"

阿布杜拉·本·艾米尔传，圣人远离坏话与坏事，圣人说："你们当中最优之人应是具有最高尚情操的人。"

阿依莎传，她说："圣人在两件事①中如若选择其一时，只要不会造罪则择其较容易的。如若会造成罪恶，则远离它。圣人不为自己报仇，要是谁践踏了真主的尊严，则定为真主报仇。"

艾布赛义德·胡得来传，他说，圣人的脸面比处女还要羞涩。

阿布胡赖勒说："圣人从不褒贬食物，他称

圣训

心则食，不称心则不食。"

阿布杜拉·本·乌买尔说，我听圣人讲："犹太人同你们作战，你们会战败他们，甚至石头也会说：穆斯林啊！我后面藏有犹太人，你们快来杀死他。"②

阿布杜拉·本·乌买尔传，圣人说："我梦见众人聚集于一个地方，这时，阿布·伯克尔站起来从井中汲了一木桶或两木桶水。他汲水稍嫌无力，祈真主原谅他③。然后，乌买尔接过水桶，它变成了大木桶。我未曾见过像乌买尔那样毫不费劲提水的了不起的人，他之能耐，以致人们在井旁修置了畜棚。"④

依木拉·本·胡赛音传，圣人说："我的教徒中优秀之人是生活在我的时代的人⑤，在他们之后，是生活在以后时代的人⑥，在他们之后是生活于此后时代的人⑦。在你们之后会有这样一些人出世，他们是背信弃义者，无信者，他们是能作证而人们不请他们作证者，是不忠于对真主的誓言愿者，他们的问世是为迷恋钱财和贪图享乐。"

艾布赛义德·胡得来传，圣人说："你们勿责骂我的弟子们，即使你们施舍了吴侯德山⑧似的金子，也赶不上他们施舍的一闷得⑨粮食

圣训

和半闷得粮食的回赐。"

①今世之事。

②由此可见无生命之物讲话当为末日来临的征兆。

③阿布·伯克尔行动缓慢，但并不因此而使他的贡献减色，他曾专门与叛教之徒作战，所以丧失的地盘不多。

④直至让人们喝足了水，骆驼也饮足了水，然后，为使骆驼再饮和休息，又修建了畜棚。

⑤指圣门弟子。——译注

⑥指再传弟子。——译注

⑦指三传弟子。——译注

⑧吴侯德山在沙特阿拉伯麦加与麦地那之间。——译注

⑨一闷得约合十八里提尔（公升）。——译注

论爱辅士

艾德·本·沙比提传，拜拉·本·阿孜甫曾听圣人讲："惟穆民爱辅士，惟叛逆恨他们。爱辅士者真主爱，恨辅士者真主恨。"

论对真主发誓

圣

训

一四六

伊本·乌买尔传，圣人说："你们听着，发誓的人只能对真主发誓，古来氏人惯指祖先发誓，你们切勿指你们的祖先发誓。"

论人的意愿

艾勒坎买·本·瓦喀斯说，我听乌买尔·本·海塔甫讲，他曾听圣人说："行为之真系于心愿。谁若为获取钱财或讨娶一个老婆而迁徙，则他从迁徙中能得到它；谁若是为真主和真主使者的意旨而迁徙，则定能得到它。"

论惟真主知道的三个问题

艾乃斯传，阿布杜拉·本·萨拉木听说圣人来到了麦地那，为询问圣人几个问题，也来到了这里。他对使者道："我要问，除圣人外他人不知道的三个问题：末日之始的征兆是什么？升入天园者首餐饭食是什么？孩子为什么像父亲或母亲？"圣人对他道："你询问的问题哲卜利勒曾给我讲过。"阿布杜拉·本·萨拉木说："哲卜利勒是犹太人在天仙中的敌人。"圣人道："末日之始的征兆是，飘来一团火，它把人们从东面驱赶到西面集聚一处；升入天园者首餐饭食是用鲸鱼肝烹饪的肉片；男人的精子压倒女人的卵子则孩子像父亲，女人的卵子如压倒男人的精子则孩子像母亲。"阿布杜拉·本·萨拉木说："我作证除安拉外，别无他主。你确是真主的使者。使者啊！犹太人是说谎的人。你问问，他们知道我在成为穆斯林前是怎样的人！"犹太人来了，圣人向他们问道："阿布杜拉·本·萨拉木在你们当中是怎样的人呀？"他们答："他是我们当中最好、最优秀的人，也是我们当中最好、最优秀之人的儿子。"圣人道："他若成为穆斯林，你们会说些什么呢？"犹太人道："祈真主勿让他成为穆斯林。"之后，圣人重述以上之语，犹太人也重述了以上之语。阿布杜拉·本·萨拉木走到他们面前说道："我作证除安拉外，别无他主。穆罕默德确实是真主的使者。"犹太人却说："他是我们当中的坏人和坏人的儿子。"并十分憎恶他。
阿布杜拉·本·萨拉木说："使者啊！我怕的就
是他们这样讲。"

论赠养

艾布·买斯伍德·拜得尔传，圣人说："赡
养家人当算施舍。"①

①为取得真主喜悦而对妻室和子女所花费用。

论拜坎兰章最后二节

艾布·买斯伍德·拜得尔传，圣人说："谁
若在夜里念诵拜坎兰章①最后二节，夜里对他
即如其所念。"②

①《古兰经》第二章。——译注
②意为诵念者可免除人们和魔鬼的歹意或谕指夜
间副功拜。

论娶媳妇

辅士加比尔·本·阿布杜拉传，圣人问："加比尔啊，你结婚了吗？"我道："结过婚了。"他又问："是姑娘，还是媳妇？"我道："是寡妇。"使者说："你当娶个与你相爱的姑娘才好哪！"我对使者道："我父亲在伍侯德圣战殉教，留下了九个姑娘。她们是我的九姊妹，我不愿再在她们之中加添一个同她们一样的傻姑娘①，因此，我娶了一个为她们梳头和管教她们的女人。"使者道："你做得对。"

①指不明事理、无经验的愚人。

论圣人的德行

辅士加比尔·本·阿布杜拉传，他说，我曾对圣人讲："你知道，我父亲在伍侯德圣战中殉教，负债累累，我想求债主们来见见你。"圣人道："你当按蜜枣的种类分别打场堆好。"我按使者所言而行，然后便将他请来。在债主凝视使者时，他们当时的表情好像是要立即让我还债。使者目睹了他们的举动。他在三次巡游了场上的一个大枣堆之后坐在堆上，然后对我说道："把债主给我叫来。"使者向债主称付蜜枣，直至真主付清了我家的欠债。只要真主付清祖辈的债务，哪怕是不能给家里的姐妹带回一粒蜜枣我也情愿。凭真主之力，枣场丝毫未变，原封不动，甚至使者落坐之处的蜜枣一粒也未减少，仍历历在目。

论扎托尔卡战役和使者赦谅加害于他的人

伊本·阿巴斯传，圣人说："真主以东风给我送来了胜利，阿德的民众却毁灭于西风。"

阿布胡赖勒传，圣人说："除真主外，别无他主。真主增强了自己的队伍，赐予了圣人胜利，仅他一人就战胜了敌群。除真主外，万物均将消失。"

加比尔·本·阿布杜拉传，他偕同圣人参加了乃吉提方面的圣战，后同圣人一起返程走到一片树林时，天气酷热难当，以使者为首的

人均停歇于此。众人分散在树荫下纳凉，使者
也坐在一棵阿拉伯橡胶树下，并把刀挂在树上。
加比尔说，我们睡着了，一会儿使者突然呼叫
我们，待我们来到使者面前时，在他跟前坐着
一位游牧人。使者指着他对我们说："我正睡
时，他把我的刀抽了出来；醒来一看，他手中
提着明晃晃的马刀。他对我声言：'除我之外
谁还能救你？'我道：'真主能拯救我。'现在
他正坐在我的面前。"尔后使者未惩处①他。

①为同异教徒结友而未施惩处。在伊本·伊斯哈
克所传中，于"真主能拯救"一语后加增了以下诸语：
哲卜利勒推击了游牧人胸膛，于是马刀从他手中落了
下来，使者拿起马刀说：你看，除我以外谁能救你？
游牧人道：谁也救不了我。在《古兰经》里真主对圣
人道："真主会使你免于人们的伤害。"

论海白尔圣战及"无能为力，惟靠真主"一语之珍贵

艾布母撒·艾西艾尔传，他说，圣人去海
白尔，走到一洼地时，人们高声诵念"大哉真

主"，"安拉至大，除安拉外，别无地主"。圣
人道："你们切勿高声诵念，你们不是在召唤聋
子和隐士，而是为一直不离你们并能听到一切
的真主赞念。"那时，我乘牲口跟在使者坐骑
之后，他听到我念"无能为力，惟靠真主"
时，遂呼唤道："阿布杜拉·本·坎依斯在吗？"
我道："使者，我在。"他道："让我给你讲一句
天园宝库中的珍语吧！"我说："好呀，使者啊，
愿我父母为你献出一切。"使者道："那珍语是
'如无安拉襄助，我们将一事无成。'"

论占领麦加的圣战和麦加禁事

艾布·苏来海·艾旦乌丁传，他说，艾米
尔伊本·赛义德在向麦加派兵①时，曾对他说，
总督啊，请允许我告诉你，在使者占领麦加第
二天所讲的，我双耳听到的，我心里牢记的，
我两眼看到的一些话吧！圣人在感赞真主之后
说："麦加是真主判定的禁地，而不是人们之
定。信真主与末日的人，不宜在天房倾血，砍
伐天房树木，那样做均不合教义。如谁借口使
者曾在麦加作战而要求允许他在天房也能这样，

那么，你们当对他说：真主只许可了圣人，而未允许你们。对我也只是允许在一日之中的某一时刻方可如此[2]。禁地从前所禁之事，今日仍应禁戒，在场的人当将此传给不在场的人。它们是：不能猎取圣地的动物，不能摘取圣地的植物，在圣地拾得之物对非原主之人皆是不义的、不洁的。"阿巴斯·本·阿布杜拉穆塔里甫问道："使者，除雄刈萱外才是这样的吧！因雄刈萱是铁匠的燃料，亦为盖房所需。"使者停歇了一会说道："除雄刈萱外是这样的，拔用雄刈萱属非禁之事。"

艾布·苏来海传，他曾对询问艾米尔[3]给他说了些什么的人说，艾米尔曾对我讲："艾布·苏来海啊，这点我比你清楚，背逆麦加之人，逃避血债者，行破坏而潜逃的人是不能护佑的。"

①阿布杜拉·本·主派尔因耶孜尔·本·穆阿维耶不愿臣服而派去同他们作战的部队。酋长伊本·赛义德时任麦地那首领。

②它始于太阳升空，止于晡礼时分。

③艾米尔意为帝王、君王、总督、首领。——译注

圣训

一五三

圣训

论圣人派穆阿日去也门及对他的嘱托

伊本·阿巴斯传，圣人派穆阿日赴也门时曾说："你将要去有经人①那里，到那里后，你应当劝谕他们作证：除安拉外，别无他主，穆罕默德是安拉的使者。他们若接受它，再告诉他们真主为他们制定了一昼夜礼五番拜的功课；若接受它，再告诉他们应从富人财产中征收天课并将它施散给穷人；若接受它，勿从他们的珍贵财物中收取天课；应防止被压迫者的反抗拜，因为这种祈祷与真主之间无帐幕。"

①指犹太教徒、基督教徒。——译注

论行善有困难心意犹在

艾乃斯·本·马力克传，圣人由台布克圣战返程快到麦地那时说："在麦地那有那么一些人，在你们所行圣战和为圣战所经历的一切艰难辛苦中都曾和你们在一起①。"有人说："使者啊，他们不是留在麦地那了吗?"圣人说："他们心有余而力不足，所以未能前往。"

①意为圣战时与你们在一起的，不仅有身体，还应有灵魂，灵魂相随方属真正的一致，人的心愿强于行动。

论妇女为官

阿布·伯克尔说，在发生剑买勒事件的时日里，我站在阿依莎和她那派方面，快临近我作战时，承真主的恩典，我得益于从使者那里听到的一句话而终未参加他们的阵营。当伊朗人让克斯拉的女儿做他们的国王的消息传到圣人那里时，他说："让女人①统治自己的人是不会成功的。"

①在学者居多数的派别里，多认为女人不能做官，也不能当哈孜。坦拜尔从伊玛目马力克处传来，他说女人可以做官。伊玛目艾布哈里派认为，在女人能作证的事情中女人可以为官。剑买勒事件：大贤奥斯曼阵亡，大贤阿里被选为哈里发时，台勒海与主派尔曾

前往麦加。在这里，他们遇见了为朝觐而来的大贤阿依莎。他们为鼓动人们要求为奥斯曼报仇而决定去拜斯来。阿里得悉这消息后即来见他们，阿依莎坐在驼轿里召唤人们和解。

圣训

论圣人的坟墓和犹太教徒

阿依莎传，圣人患病去世前曾说："祈安拉诅咒犹太教徒，他们竟把圣人的坟墓做了礼拜寺。"阿依莎说："如无这样的危险，使者的坟墓便不会置于隔墙内而会敞露在外了。使者惧怕在自己的坟墓上修建礼拜寺。"

论圣人在末日求情

艾乃斯传，圣人说："穆民在末日被聚集时说，我们当求一人在真主面前为我们说情。于是他们先来于圣人阿丹面前，并对他说：'你是人类的始祖，真主亲手造化了你，令众天仙为你叩拜，向你讲述了万物的名称。恳求你在真主面前为我们说情，使我们摆脱刑惩的苦难。'圣人阿丹道：'我没有资格为你们求情，我为忆及自己的罪过①而感惭愧。你们去求圣人努海吧！他是真主差来人间大地的最初的圣人②。'他们来找圣人努海，努海圣人说：'我没有资格为你们说情③。'他忆及因向安拉索问自己不应知道的东西④而感惭愧，他说：'你们去求真主的朋友圣人易卜拉欣吧！'他们来找圣人易卜拉欣，圣人易卜拉欣说：'我没有资格，你们去求能与真主直接谈话和曾被降赐旧约的圣人穆撒吧！'他们来找圣人穆撒。他道：'我没有资格。'他忆及自己因误杀人⑤而抱愧于真主。他说：'你们去求真主的仆人、真主的使者、真主的代言人和来自真主身边的尔撒吧！'尔撒道：'我没有资格。你们去求他过去⑥的和以后⑦的罪恶曾为真主饶恕的圣人穆罕默德吧！'于是他们来找我，我便去见真主，向他求允许，他赐我许可。我见真主时，向他叩拜，叩拜到直至真主满意时为止。真主然后说：'抬起你的头来，我赐你所求要的，我听你所讲的，我接受你的求情。'于是，我从叩拜中抬起头来，按真主向我所示赞词感赞真主。然后我开始求情，真主指点被宽恩的人⑧，

圣训

之后，我便带他们去天园。然后我返回真主跟前。见真主时我循规于此，先开始求情，真主指点被宽恩的人⑨，再带他们去天园。然后依此顺序，返回真主跟前三至四次求情。最后我便说：现刻除真主在古兰里所言该永留火狱的逆徒之外，再无他人了。"

圣训

①在天园摘食真主禁树果实之罪。

②因警告和毁灭了自己的民众而被列为最初的圣人。因为圣人阿丹的圣职乃为教育和引导自己的子孙。

③出于谦虚之故，表示我的品级低或我没有资格，它应属别人之意。

④他曾以"真主啊！我的儿子是我家里人。你保证我家里人平安无事的诺言属真"一语为祈求真主拯救其子不要被淹死。

⑤虽有这种失误，但并不有损于圣人穆撒的清白。圣人穆撒说：这失误是魔鬼的事，是对自己的折磨。按众圣把自己所犯的小失误视为大事的习惯特为他念了赎罪词。

⑥失误性错误和解说后不算错误的错误。

⑦他即使是有罪，可因无辜或可恕而不惩罚。

⑧例如说，我接受你为那些未能全部完成拜功者的求情。

⑨例如说，我接受你为行奸者或饮酒者的求情。

论什么罪是最大之罪

阿布杜拉·本·买斯伍德传，我曾问圣人，依真主之见什么罪为最大之罪。圣人道："你为造化你的真主举伴匹偶。"我道："这当然是最大之罪，然后是什么呢？"使者道："你厌恶抚养而杀死你的孩子。"我又问："其后呢？"使者道："你同邻居的妻子通奸。"①

①这里除行奸外，也包括不履行真主教诲的照顾邻居的义务。

论说真主有子嗣者之言

伊本·阿巴斯传，圣人曾讲："真主说：'人说我是假的，然而他这样说是毫无道理的。他非难我，然而这样做也是毫无道理的。他之说我是假的，系怀疑我在他死后没有能力恢复他从前的面目；他说我有子嗣是对我的辱骂，我不是女人，也不会生孩子。'"①

①真主的本体原本存在，早在万物产生前就有了。出生的孩子因全属新造，这就否定了真主的本体会生育的说法。同时，万物谁都不像真主和真主无性别，也否定了真主会生孩子的说法。真主谓"安拉无妻他又怎能有子"之语正是指此。

论全善的析祷

艾乃斯传，圣人曾念："养主安拉啊！祈你在今世与后世赐我们以好，使我们免于火狱之苦。"①

①伊本·坎色尔说："这一祈祷包括祈赐身体健康，食物丰盛，有益的学识和真正的善功等等今世的一切好事，也包括免除个别不吉利之事。至于后世的善报，为最优者进天园，在末日来临瞬间的大恐怖中处之泰然，也包括末日清算容易等内容。至于从火狱寻求解脱，则为避免违反禁戒之事、犯罪及抛弃疑虑等内容。"

圣训

论被告人发誓

伊本·艾比穆兰坎传，两个女人在家里做皮靴活，其中一人的手掌为锥子所刺。她为锥刺而把她的女伴告到伊本·阿巴斯那里。伊本·阿巴斯说，圣人曾讲："如偏信原告的控告①，而给其物品，那么被告的生命财产便不可能得到保障②。你们当劝被告的女人惧怕假誓的恶果，并对她说，你们当诵念经文'以对安拉的诺言和发誓来贱卖者……'"（3：77）她被规劝后终于承认了自己的不对。伊本·阿巴斯说，圣人曾讲："发誓③当属被告。"

①指口头上的无理诉讼。

②被告便不可能维护自己的生命和财产。

③如无否定原告诉讼的事实，被告应发誓。在拜依海克所传圣训中补加了这句话："原告摆事实，被告来发誓。"

论圣人致希来格① 书函

伊本·阿巴斯传，阿布·苏福扬·本·赛胡曾亲口对他讲："在我与圣人缔约②期间，我曾去夏木③。当我正在夏木时，狄哈耶坎甫带来了圣人致希来格的书函。书函经布斯拉总督转呈于希来格。希来格问：'在这里能否找到那个自称为圣人的几名同族人？'周围的人说：'能找到。'我同古来氏族中的几个人被希来格召去。我们走到他跟前，他让我们坐在对面，问道：'你们哪位与自称为圣的那个人血统最近？'我对他说，我的血统最近。于是，他让我坐在他的面前，让我的伙伴坐在我的背后。然后，他叫来自己的翻译，通过他对我们说：'我要问问他，那个自称为圣人的情况，倘若他说谎，你们就谴责他。'"

阿布·苏福扬说："向真主发誓，如果我不怕他们说我是骗子，我就一定会说假话了。随后通过他的翻译，我们之间进行了这样的对话：

——在你们当中他的血统怎样？

——血统高贵。

圣训

——他的祖先中可有人当过国王？

——没有。

——在圣人为圣之前，你们当中是否有人诬蔑他在扯谎？

——没有。

——追随他的人是上层人，还是下层人？

——下层人。

——追随他的人是在增加，还是在减少？

——在增加。

——信奉他宗教的人中有无不赞同他的宗教而退教的？

——没有。

——你们同他们作过战没有？

——作过战。

——你们谁胜了？

——有时他获胜，有时我们胜。

——穆罕默德是否践踏誓约？

——不。现在我们同他之间有条约，是否毁约我们可不知道。（阿布苏福扬说："向真主发誓，在这次谈话中，除这句话之外，我没有再用别的话来贬疑他。"）

——在穆罕默德之前，在你们当中是否有人争做圣人？

圣训

一六三

——没有。

然后希来格经过翻译对阿布·苏福扬说："你说穆罕默德血统高贵，圣人当该出自高贵的血统。你说他的祖先没有人当过国王，我说，如果有，他就会要求恢复其祖先的王权。你说追随他的是下层人，下层人才追随众圣。你说圣人为圣以前无人认为他在扯谎，既然他没有骗人，也不会骗真主。你说，追随者中没有叛教的人，当信仰深透人心时该当如此。你说追随者正在增加，笃诚的信徒当会这样增加。你说你们曾同他作过战，有时他胜，有时你们胜，圣人就是这样经受考验的，最后是他们获胜。你说他未曾践踏誓约，众圣从来如此，不践踏誓约。你说在他之前从未有人争当圣人，我说如有人争当圣人，那也只是模仿圣人。"

然后，他问阿布·苏福扬："穆罕默德命令你们做些什么？"阿布·苏福扬说："我做了这样的回答：他命令我们作礼拜，纳天课，接济亲属，行清廉。"这时，希来格即对阿布·苏福扬说："关于他，倘若你讲的话属实，穆罕默德就是真圣了。我知道他将要降临于这个时代，但我未料到他出现在你们当中。倘若需要我去见他，我当然乐于同他相会。倘若我在他的身边，我必定洗其双脚。他的统治一定会降临罗马大地。"尔后，希来格阅读了圣人写给他的书函。

书函内容是：奉今世与后世至仁至慈者真主尊名，由真主的使者穆罕默德·本·阿布杜拉向罗马国王希来格，向正道的追随者致色俩木。我劝你皈依伊斯兰教，你若归顺伊斯兰教，则将获平安。你若归顺伊斯兰教，真主定赐你两倍回赐④。倘若你不归信伊斯兰教，则你当承担一切人的罪责。"有经典的人们哪，你们要信奉我们与你们之间这样一句相同的话，就是我们不信奉除真主之外的任何一物，不以任何一物为真主举伴匹偶，除安位之外我们不互相举为真主。倘若有经典的人背叛了，你们就作证说，我们是真正归顺的人。"（3：64）

希来格刚读完书函，他周围的人便喧嚷起来。他令我们出去。阿布·苏福扬说："我出来后，便对同伴说：穆罕默德的事业已达到使罗马国王惧怕的地步。自此以后，直至真主使我信奉伊斯兰教止，我一直深信穆罕默德的事业一定获胜。"

朱里尔说："希来格遂召集罗马名人显贵于自己的宫廷内，他说道：'罗马人哪！你们是否

圣训

一六五

愿意取得永恒的正道和使王室统治得以延续?'他们一听，就像野驴似地向各门方向奔逃，但见各门均已关闭。希来格遂叫回他们说：'我已验证了你们对自己宗教的坚定性。'于是，他们遂向希来格鞠躬并悦服于他。"

① 罗马君主凯撒。

② 指为停战十年而签定的《侯达比耶和约》。

③ 今叙利亚。——译注

④ 一是因信圣人尔撒，二是因信圣人穆罕默德。——译注

论圣人致克斯拉书函

伊本·阿巴斯传，圣人派阿布杜拉·本·胡宰潘赛黑木向克斯拉①致送书函。圣人令将它交给拜黑尔总督，拜黑尔总督随即将它交给了克斯拉。克斯拉阅后撕毁了书函。据我回忆，伊本·木沙依甫说，圣人曾对克斯拉讲："你若行反抗拜，则祈真主吊销②你的王位。"

① 名艾布来维孜。书函内容是："奉今世与后世至

仁至慈者真主尊名，由安拉的使者穆罕默德向伊朗国王克斯拉宣谕：向正道的追随者，向信仰真主、真主的使者，念诵清真言'除安拉外，别无他主，安拉无伴偶，穆罕默德是真主仆人和使者'的人致色俩木。我劝你归顺伊斯兰。我是真主给全人类派来的使者。我警谕活人，也让异教徒惧怕真主的威厉。倘若你归顺伊斯兰，则你将得平安。倘若不归顺，则你将承担一切异教徒的罪责。"

②真主促使克斯拉之子西尔瓦里以剖腹之法杀死了克斯拉。自此以后，他们的任何事业均未得发展。后来，他们的王朝终在大贤欧麦尔任哈里发的时代全部覆灭。

论"真主决不随便惩罚任何人"

艾布赛义德·胡得来传，圣人时代的人曾问："使者啊，在末日我们能见到真主吗？"圣人答道："是的，你们见得到。在中午无云的天空，难道你们对看清太阳的光芒还有争议吗？"他们答道："没有。"圣人说道："在无云的天空，难道你们对看清十五圆月的光辉还有争议吗？"他们答道："没有。"圣人道："正如你们

圣训

对看清它们确无争议一样，你们对看清万能崇高的真主也不会有争议。在末日时分会出现一传令者，他宣布：'各位信徒快去跟随自己崇拜的偶像、神物吧！'那时，信拜真主之外的人均被投入火狱，只留下真主的虔诚的仆人、非全善的仆人和有经者。犹太人被传来，他们被讯问道：'你们信拜的是谁？'他们道：'我们信拜真主的儿子乌冉尔。'于是，他们被告知：'你们在扯谎，真主未曾娶妻生子。你们有什么要求呢？'他们道："真主啊！我们口渴，请你给点水。''你们到那里去吧！'因此，他们被带向火狱。火狱如像互相吞噬的酷暑一样。他们被投入火狱。然后，基督教徒被传来，他们被讯问道：'你们信拜的是谁？'他们道：'我们信拜了真主的儿子尔撒。'于是他们被告：'你们在扯谎，真主未曾娶妻生女。你们有什要求呢？'基督教徒的结局同犹太人以上的情况一样。当余下信拜真主的笃诚之士和非全善之人时，宇宙的主宰以他们认识的形象最亲切地出现于他们之前。真主对他们说：'你们还等什么呢？各信徒均应跟随自己信拜之物。'他们道：'在今世，我们同那些叛离正道者断绝了最为紧密①的关系，没有同他们在一起。我们正等候我们所敬拜的真主。'真主对他们道：'我就是你们的真主。'于是，他们便两次三次地说：'我们决不与真主举任何物为匹偶。'"

①生活里的和今世的利益虽为我们所需，但我们仍与他们断绝了关系，抛弃了他们离经叛教的行径。我们同好人来往，拜访真主的优良仆人和有教门的学者，遵循了圣行。

论话多为罪

阿布胡赖勒传，圣人说："讲述听到的全部东西，其本身对人来说就是十足的罪过。"

论审判台

伊本·阿巴斯传，圣人讲演时曾说："众人哪！在复生日，你们将在赤身裸体，带着龟头包皮的状态下被聚集在真主审判台前。"然后，使者诵读了以下经文："就像我从无到有造化人似的，我将恢复他的原状。这是约定的，完成它是我们的义务,我们一定要完成。"（21：104）随后,圣人说："在末日,人群中第一个被穿上衣服的人是易卜拉欣①。我的信徒中有部分人被带至火狱。这时,我便说：真主啊！他们是我的门弟子呀！真主道：'他们在你之后留下以来,干了些啥你是不知道的。'我道：仍像是真主的忠诚仆人②哪！""当我与他们在一起的时候,是我监察他们。把我带向那个世界之后,是你监察他们。"（50：117）真主说："他们在你之后,在宗教上已犹豫动摇了。"

①是真主的朋友圣人易卜拉欣。他被投入烈火时,是在正道上第一个被脱光衣服的人。

②指圣人尔撒。

论奥秘的宝库全操于真主

阿布杜拉·本·乌买尔传,圣人说："奥秘的珍宝有五：真主知道末日何时来临,真主知道何时下雨,真主知道腹内孩子是男还是女,人不知道自己明天干什么,真主全部知道明的或暗的事物。"（31：34）

论末日来临

阿布胡赖勒传，圣人说："太阳从西升起时就是末日。见太阳从西升起后，地上的人们便归奉伊期兰，须知，在此之前未归信①的人，此时的归信已无益处。"

①即太阳从西升起之前未曾归信的异教徒，此时的归信已无益处。同时，太阳从西升起前未曾做善事的穆民，此时所行善事亦无益处。因为，这时归信者的信仰和所行善功同断气时的归信和善行一样，将是毫无裨益的。犹如真主所言，待听到我的声音时，他们的归信已不能获益了。阿肯艾比·阿布杜拉在传述中说，末日初期的预兆是：魔鬼出现，尔后圣人尔撒降临，然后出现耶朱哲与买朱哲，接着人头兽身的野兽来临，最后太阳从西方升起。

论经文"这里也有悔罪的第二种人"

赛穆来·本·准杜甫传，他说，圣人曾对我们

圣训

二一七

这样讲："夜里来了二位天仙，从熟睡中叫醒我，我被带至一座由金砖和银砖砌成的城市。在这里，这样的一种人迎接我们，他们的身体一半很漂亮一半很难看。二位天仙对他们道：'你们到那条河里去吧！'他们下了河，待他们身体的丑陋部分消失，显现得非常漂亮时，便回到我们身旁。二位天仙对我说，这就是伊甸园，那个地方就是你的席位。至于那些身体一半漂亮一半难看之人，他们是把善行与坏事混淆在一起的人。而今真主宽恕了他们。"①

①伊玛目穆斯林·加比尔曾传这段圣训：你们勿对你们自己、你们的子女和你们的财产行反抗拜，因为一到真主接受祈祷的时分就会纳受回应你们的祈祷。真主说："倘若人们像忙于求福祉那样忙于惹祸造患，那么真主必销毁他们了。"（10：11）

论阿术拉①斋

伊本·阿巴斯传，圣人向麦地那动身启程。这时犹太人正在封阿术拉斋。他们说这天是穆撒战胜法老的日子②。圣人对众弟子说道："较之犹太人，你们最有资格亲近穆撒，你们封阿术拉斋吧！"

①伊斯兰教历第一月（木海兰月）的第十天。——译注

②这天，真主拯救了穆撒和他的族人，在河里淹死了法老和他的民众。穆撒为感赞真主特在这天封斋，说真主"曾使以色列人渡河"。这条河就是红海。以色列人有六十二万。出于欺压和敌对之故，法老和他的部队曾追逐他们，这正是太阳升起的时候。追逐的人有一百六十万，马十万匹。

论经文"你的养主就是那样惩治的"

艾布母撒·艾西艾尔传，圣人说："真主确只给异教徒一瞬之息，然后抓住再不放开。"使者然后念这节经文"你的养主报复异教徒的时候，就是那样惩治他们。真主的惩治确实是极为严酷的。"（11：102）

论经文"你要行早晨和晚上的拜功"

伊本·买斯伍德传，有个人亲吻了一个女人，后来他向使者讲了这件事。为此，特向使

者降示了这段经文："你若完成早晨①、夜晚②和前半夜③时间内的拜功，则所行善举可赎免一切罪过。这是对笃诚之人的劝诫。"（11：114）那人问道："这段经文的内容仅对我有用吗？"圣人答："它对我的门徒中遵循本节经文的人全都适用。"④

①晨礼。

②晌礼与昏礼。

③晡礼与宵礼。

④本节经文说明，一个人若亲吻他人之妻和做了类似之事，只要认罪和祈求忏悔，则鞭笞〔体罚〕不会来于他。伊本·门孜尔说："鞭笞亦不来于忏悔与他人之妻同房者。"

论阿拉伯人引以为豪的家谱，并论最熟知教义的人最受尊敬

阿布胡赖勒传，圣人对询问谁是最受尊敬的人回答道："最虔诚的人在真主眼里最尊贵。"当他们说"我们没有问你这个"时，圣人说："最虔诚的人是圣人叶尔孤白的儿子圣人优素

福。叶尔孤白是圣人易司哈各的儿子，易司哈各又是真主的朋友圣人易卜拉欣的儿子。"当他们又说"我们没有问你这个"时，使者问道："你们是不是想探问阿拉伯人引以为豪的家谱？"他们道："就是。"使者道："在蒙昧时代，你们当中被视为高贵的人，在伊斯兰时代只要在宗教①上成为有学问的人，他就是你们当中的好人。"

①血统低贱的宗教学者，优于无知的贵族。

论经文"真主认可归信的众穆民"

拜拉·本·阿日甫传，圣人说："穆斯林在坟坑里被讯问时①，将作证：除安拉外，别无他主，穆罕默德是真主的使者。万能崇高的真主所说'安拉在今世与后世认可归信的众穆民'（14：27）一语，正是指此。"

①灵魂返体后，将被讯问："你的真主是谁？你的宗教是什么？你的圣人是何人？

圣训

论宣礼后圣人求情的祈祷

加比尔·本·阿布杜拉传，圣人说："在听见宣礼之后，谁若念'完备宣礼的和备就拜功的真主啊！祈你赐予穆罕默德以天园的高位和显赫的权势，祈你把穆罕默德送至你承诺的伟大的恩赐之处'，那么，在末日，当得到我的求情。"

论经文"在复生日毁销他们功德的回赐并置之不理"

阿布胡赖勒传，圣人说："在复生日，一粗壮、肚子填不饱的人被传来①，在真主审判台前，他们的善行不及蚊子的翅膀。你们当诵念'在复生日毁销他们功德的回赐，并置之不理。'"（81：105）

①指贪得无厌者。——译注

论经文"让他们惧怕那懊悔之日 ——复生日"

艾布赛义德·胡得来传,圣人说:"在末日,死亡显现为杂色公羊的形态。当传令者呼叫进天园的人时,他们均伸长脖子观望。传令者说:'你们认识这个吗?'他们道:'是的,我们认识①,这是死亡。'他们都亲见了死亡。然后传令者又呼叫进火狱的人,他们也伸长脖子观望。传令者问:'你们认识这个吗?'他们道:'是的,我们认识。'这是死亡,他们都亲见了它。杂色公羊随即被宰掉。传令者然后说:'进天园的人哪!现在已无死亡,你们永远不死了。进火狱的人哪!现在已无死亡,你永远不死了。'"尔后,圣人诵念真主的以下诸语:"在清算时,让他们惧怕那懊悔之日,而他们却处在昏聩中,不信中。"(19:39)

①因真主曾将此嵌在他们心里,所以他们认知死亡。

论对阿依莎的诬陷

阿依莎说："圣人若外出旅行，在妻子中行抽签，谁抽着签，圣人便带她一起旅行。圣人在前去参加拜尼穆斯台赖格战役时，我们抽签，我抽中了。于是，我便同他一起出发，这时兴戴盖头。为我代步的是驼轿。我们启程出发，使者在战役后返程。我们临近麦地那时，在一过夜处宿营。使者下令夜间行军，我起来后即到偏离队伍之处解便。返回后，我发现我的项链遗失了，我又回到解便处寻找项链。管理驼轿驱赶骆驼的人以为我在驼轿里，他们把驼轿安置在驼背上，便驱赶骆驼出发了。因为那时的妇女食量小，身瘦体轻；适时，我又是个年龄小的女子。所以驼轿之轻，我并不在里面他们是怎么也想不到的。待我找到项链回来时，队伍已出发了。这里见不到任何人。于是我便返回宿营处，心想，他们会回来找我的。我坐在那里便睡着了①。留在队伍后面的赛甫万·本·木安提塔勒苏兰米②来到这里，他看见了我的身影。在我出嫁之前他见过我，所以认出了我，他念诵'我们惟属真主，我们将返归真主跟前。'他念诵的以上经文使我醒了过来。他让骆驼卧下，我骑上了骆驼，他牵着骆驼行进。我们赶上队伍时，正值圣战者午休之际。见到我们后，毁名伤誉者便开始造谣诽谤了。诽谤者的头子就是阿布杜拉·本·乌拜叶·本·赛奴勒。回到麦地那后，我病了，躺了一个月。有关此事，流言蜚语丛生。在我患病卧床时，不见圣人在我以往患病时的恩爱温存，而是把我丢在房子里。他来到房内道安时，只问问"你的情况怎样"，外面的流言蜚语我是毫无所知的。在我的病况好转时，我同乌木米士台③去城外上厕所。在那些时日里，我们只在夜晚去城外上厕所。那个时候还没有在房屋周围设置厕所的习惯，仍按从前阿拉伯人的习惯在郊外修建厕所，因厕所在房屋周围气味不好。乌木米士台和我行走时，她踩着自己的衣襟绊了一跤。她诅咒道：米士台真该死。我即对她说：你怎能讲这样不吉利的话，难道你想咒骂参加白德尔圣战的人吗？她随即对我说：你还没有听到他们散布的流言蜚语吗？随后，她向我讲述了毁名伤誉者散布的闲话。于是，我病上加病。回到卧室后，使者来道安，询问了我的情况。我要求使者

圣

允许我回到父母家里，目的是向他们打听情况，使者同意了。我回到父母家里，向母亲问及了人们的流言蜚语。她对我说：我的女儿啊，你要保重自己，为丈夫宠爱的娇妻会有嫉妒之妇，对她会讲这样那样的闲话。我遂说道：真主至洁。我对这些话真感惊奇。看来，人们确实说了那些闲话。是夜，我哭至天明未曾入眠。这时，关于此事的启示尚未下降，于是圣人叫来阿里•本•艾比塔里甫和乌沙曼•本•宰义德就与我断绝关系之事征求他们的意见。乌沙曼以其所知的使者之妻确实贞洁和他的善良之心说道：'使者啊！你的妻对你是贞洁的，指真主发誓，我们认为阿依莎是好样的。'阿里•本艾比塔里甫④则说：'在讨娶妻子上，真主没有亏待你，除阿依莎外，女人不是很多吗？你问问阿依莎的佣人白力拉，她会讲实话。'圣人叫来白力拉问道：'白力拉啊！你曾发觉阿依莎有什么可疑的行为吗？'白力拉道：'向派你为真正圣人的真主发誓，我没有见到过阿依莎有什么可怀疑的行为，她是一位和着面就会睡，家畜窜来吃掉面团也不知道的小姑娘。'从这天开始，圣人认为应当责怪阿布杜拉•本•乌拜叶•本•赛奴勒。于是他召集穆斯林，走上宣讲台说道：'众人呀！关于我妻子的

训

事，我不能不怀恨某人了，谁来帮助我处治他呢？指真主发誓，无论我妻子也好，还是赛甫万·本·木安提塔勒也好，他们都是纯结的，我没有发现什么。赛甫万常常和我一起进出我家。'辅士赛义德·本·木阿日⑤站起来说道：'使者呀，指安拉发誓，我来帮助你对付那个人，如果那个人是敖斯部族人，我们砍他的头，如果他是海孜拉齐部族的弟兄，你要我们怎样整他我们就怎样办！'海孜拉齐部族的首领赛义德·本·乌巴旦⑥原是正直之人。他站起来，对赛义德·本·木阿日的话气愤地说：'你扯谎了。指真主发誓，我们不允许杀死他⑦，你也杀不死他。'乌赛德胡扎尔⑧接着站起来对赛义德·本·乌巴旦说道：'指真主发誓，你扯谎了。指真主发誓，我们必定杀死他⑨。你确为败类⑩，你在替败类辩护⑪。'因此，在敖斯部族与海孜拉齐部族之间眼看就会发生纷争了。此时，圣人从宣讲台下来缓和了他们之间的争执，平息了事态。我哭了一天，泪珠未断，也毫无睡意。早晨父母来到我身旁。我痛哭了两夜一天，心都快撕裂了。当我坐在父母亲身旁哭泣时，一位辅士妇女要求进见。我允许她进来。她进来以后，因同情我，也情不自禁地哭了起来。在我处于这种状况时，圣

圣

训

人走了进来并随即坐下。自从有关我的流言蜚语传播以来，圣人未曾来我跟前坐歇过。关于我的事也无任何启示下降。一个月已过去。这当儿，圣人在念完作证词之后说到：'阿依莎啊！关于你，我听到了许许多多的闲话，倘若你是贞洁的，真主会为你辩白。倘若你有罪，你就赶快念忏悔词忏悔吧！仆人如认罪忏悔，真主会接受其忏悔的。'听到使者的这些话，因我的眼泪干竭，眼睛里竟连一滴泪珠也流不出来。我对父母亲说：'请你们替我回答使者的话吧！'父母道：'指真主发誓，我们不知道你应当对使者讲些什么！'这时，我还是一个年轻的女子，《古兰经》里的许多事我不知道。于是，我说道：'难道你们就这样相信人们的闲话吗？我若说我是贞洁的（真主确知我的贞洁）你们又不相信；倘若我承认诬谄（而真主确知我的贞洁），你们一定会相信。指真主发誓，在这方面为便于向你们讲述，我再也找不到比圣人叶尔孤白的这些更为贴切的话了："我只有很好地忍耐，对你们所述之事，我只能求助于真主……"（12：18）'我祈望真主为我辩白，然后我便上床躺下了。但是，指真主发誓，我未曾想过真主会为我的事下降启示。我觉得，在《古兰经》里，我的事是不值一提的，我仅仅希望使者在梦中梦见真主说我是贞洁的。指真主发誓，当圣人尚未离开他的座位，家里人也还未出去时，启示即开始向他下降。他汗珠直淌，时值严冬，启示下降使者时，他身上竟淌下了珍珠般的汗珠。启示向使者降毕后，他微笑着对我讲的第一句话是：'阿依莎啊，你感赞真主吧！安拉为你昭雪了。'母亲对我说：'快起来感谢圣人！'我道：'指真主发誓，我不起来，除真主外，我也不感谢任何人。真主为我辩白昭雪的降示开始于"是你们当中的一伙人散布了流言蜚语（24：11）"这段经文。'因亲戚关系，阿布·伯克尔司德克常常接济米士台·本·乌沙曼的生活。在真主为我昭雪降下经文之后，阿布·伯克尔司德克说：'如米士台诽谤了阿依莎，指真主发誓，我永远再不周济她任何东西了。'对此，真主又降示道：'你们当中有重望与富有的人，切勿发誓不关心周济亲属、穷人和为宗教而迁徙者。当宽恕他们的罪过，要宽宏大量。难道你们不喜欢真主饶赦你们吗？真主是多恕的、至慈的。'（24：22）阿布·伯克尔司德克道：'是呀！指真主发誓，我确实喜求真主对我的饶恕。'以后，他又恢复了对米士台的接济。

圣训

"关于我的事，当圣人询问哲黑西的女儿'再那甫，再那甫啊，关于阿依莎，你知道什么和你看到了什么'时，再那甫说：'使者啊！我绝不把未听到的说成听到了，也不把未看见的说成看见了。指真主发誓，我看阿依莎挺好。'然而，再那甫就是与我争艳夺宠⑫的人。是真主使圣她戒除了诽谤。"

①因忧虑深重而入睡，或在夜晚旷野，安拉为免其孤独恐惧而赐她入睡。

②作战时，赛甫万为拾取人们的遗落物，曾向使者要求走在队伍后面。所以，队伍出发后，他便先礼拜，然后启程。如有人们遗落之物即沿途拾取。

③乌木米士台，是哲黑尔的女儿，阿布·伯克尔司德克的姑母。"乌木"为阿拉伯语"母亲"之意。——译注

④阿里见圣人不得安宁，忧虑重重和为嫉妒所烦恼，于是劝圣人在澄清阿依莎无罪之前同她断绝关系，然后再修好。这是为使圣人得以安宁而提出的劝议，而不是恼恨阿依莎。所以他不讲坚决断绝关系，只是说向白力拉问问看。

⑤敖斯部落的首领。

⑥参加阿格白誓约的首领之一。圣人曾为他祈祷

"真主啊！祈你降福和恩赐于赛义德·本·乌巴旦的家室。"

⑦此话并不是赛义德·本·乌巴旦赞同对阿依莎的诽谤而讲的。阿依莎亦未因赛义德袒护逆徒而打算责备他。这里，重要的症结是两个部落间，即他们在伊斯兰前的矛盾虽在伊斯兰后已了结，但仍有芥蒂。

⑧赛义德·本·木阿日的叔叔之子。

⑨如果使者下令的话。

⑩称他是败类，确为谴责过头所致。

⑪你行逆徒行径之意，是指他们头脑发胀，用词不当。

⑫在圣人前同我（阿依莎）争风吃醋，争名夺利。

论圣人穆撒同圣人阿丹的辩论和经文 "让它不要成为你们离开天园的原因……"

阿布胡赖勒传，圣人说："圣人穆撒在同圣人阿丹辩论时说：人类皆因你的罪过①才离开了天园，是你给他们招来了不幸②。圣人阿丹说：穆撒啊！你身为被真主选派为圣和能与他直接晤谈之人，难道你要为真主造化我之前写在我的前额或在造化我之前写入命册之事而非

圣训

一八五

难我吗？于是，圣人阿丹战败了圣人穆撒。"

①指食禁树果实。

②指今世的艰辛困苦。

圣训

论经文"在末日，你将见到人们的醉态……"

艾布赛义德·胡得来传，圣人说："至高的真主在末日问：'阿丹在吗？'圣人阿丹道：'真主！我在。'真主对阿丹道：'真主令你把你的子孙带向火狱。'圣人阿丹说：'真主啊！带向火狱之人的数量该是多少呢？'真主说：'千分之九百九十九。'这时，孕妇流产，幼童的头发变白①，你将见到人们的醉态，而实际上他们并没有醉，但真主的刑惩是严峻的。"在使者身旁的人们，在听到上述状态的描述后面容顿为失色。圣人对他们道："被带向火狱的千分之九百九十九是耶朱哲、买朱哲②，进天园的八千分之一就是你们。在人群中你们好比白牛背六上的一根黑毛或黑牛背上的一根白毛，只占少数。我确实希望你们占进天园者的四分之一。"④我们遂赞真主至大④。然后圣人又说："你们将占进天园者的三分之一。"我们又赞真主至大。他又说道："你们占进天园者的二分之一。"
我们再赞真主至大。

①末日恐怖所致。这是比喻，因为忧愁使人衰弱
易老，或确为那样。即无论是谁，他死于那种状态亦
复活于那种状态，被聚集在审判场时，若原是孕妇则
仍为孕妇，若原是吮奶的婴孩则仍为婴孩，幼儿仍是
幼儿。这是在末日发生大乱，听见真主对圣人阿丹命
令的人们因恐惧而产生的状态。

②指同他们一样为真主举伴者。

③指同你们一样的穆斯林。

④对真主的特恩，即对这一喜讯表示欣慰所致。

论经文 "惟真主知道末日何时来临……"

阿布胡赖勒传，有天圣人正站在众人面前，
有人前来问他："使者啊！什么是伊玛尼？"使
者答道："伊玛尼就是信仰真主，信真主的天
仙，信后世见主①，信真主的众圣和死后复
活。"那人问："使者啊！什么是伊斯兰？"使
者答道："伊斯兰是拜服真主，不以任何物为真
主举伴，立站拜功，交纳天课，封赖麦旦月之

圣训

圣训

斋。"那人又问："善功是什么？"使者道："善功就是如见到了真主似的敬拜真主，你虽未看见真主而真主却看到了你。"他又问："使者啊！末日何时来临？"使者道："答问并不比提问者知道得更多，但我可以告诉你末日来临前的征兆：女人生的孩子成了她的主人是末日的前兆，下等人成了民众的首领是末日的前兆。五件事除真主外谁也不知道，末日何时降临惟真主知道，何时下雨惟真主知道，腹内的孩子是啥惟真主知道。"之后，那人便走了。圣人随即对弟了们说道："你们快把他找回来！"待他们寻找时，那人已无影无踪了。圣人对弟子们说："这就是哲卜利勒，他是为向人们倡导他们的宗教而来的。"

①指后世见真主。

论经文"在真主身前为他们备就之物谁也不知道……"

阿布胡赖勒传，圣人说："真主曾讲：'我为我的优良仆人，在天园备就了眼睛未曾见到过，耳朵未曾听到过和任何人都想象不到的食物，你们怎能想象它呢？"然后圣人念诵这段经文"为了奖励他们的行为，在真主身前备就的和使他们高兴的丰盛回赐是谁也不知道的……"（32：17）

论圣人最近于穆民

阿布胡赖勒传，圣人说："在今世与后世，我最接近每个穆民，你们若意愿就读这段经文吧：'圣人对众穆民比他们自身更接近……'（33：6）若哪位穆民去世，留下了钱财，当让亡人继承者承领，倘若亡人欠有债务或留下了无人爱抚的孩子当由我来承领。"

论经文"太阳运行至它的定所"

艾布再尔说，当太阳降落时，我与圣人正在寺里。圣人问："艾布再尔啊！太阳落向何处你知道吗？"我说："真主和他的使者至知。"圣人道"太阳径行宝座向真主叩拜去了。"①安拉谓："太阳运行至它的定所处，这乃是尽知一切者——万能的真主的规定。"（36：37）我曾询及本段经文的含义，圣人答："太阳的降处在宝座周围。"

①意为太阳就像虔诚的人们向真主叩拜表示笃服一样也驯服于真主，太阳降落时就如同向安拉叩拜的人一样。伊本·坎色尔说："宝座位于宇宙之上，近在人们的上方，中午，太阳在正中时，处于离宝座最近之处。太阳由此朝着第四层天旋转时，即在半夜时分，处于离宝座最远之处。这时，它向真主叩拜。它按惯例，要求真主允许他从东方升起，真主赐许。"

论经文 "祈赐予我在我之后不宜于任何人的王权……

阿布胡赖勒传，圣人说："昨天，群魔中狡诈多变的恶魔为捣乱我的礼拜而与我作对。真主使我治服了恶魔。我想把它拴在寺内的一棵柱子上，以便早晨让你们都能看到它。我想起了我的弟兄①苏赖曼的这句话：'我的主啊！祈你赐予我在我之后不宜于任何人的王权。'恶魔终被追逐走了。"

①指教胞苏赖曼。

论经文"未恰如其分的尊崇真主……"

阿布胡赖勒传，我曾听圣人说："真主在复生日左手提大地，右手提天空，然后说：'我就是帝王，大地的帝王们在哪里？'"

论经文"惟时代能毁灭我们"

阿布胡赖勒传，圣人讲："真主曾说：人们诅咒①时代，竟责难我②。我是时代的创造者③，呈显于世上的一切事物全在我掌握之中，我轮换黑夜与白昼。"

①如人遭逢不幸，便诅咒这是倒霉的该死的时代。

②受责难之说，系指将责难正派人的话语强加于我之意。真主不应受责难，因为这种行为对真主来说是不可能的。此处之意是，有这种行为的人将招致真

圣训

主的愤恨。

③意为我是时代的创造者，我是世间一切事物的经营者，我是谋划者，我是判断者。真主引述了人们所认为的，我们只伴随时代的消逝、生命的完结和黑夜白昼的轮换而死亡告终的看法。

圣训

论经文"同恩赐断绝往来……"

阿布胡赖勒传，圣人说："真主在造化万物之后，恩赐站起来抓住了真主的腰部①。真主对他道：'你松开手。'恩赐道：'我祈你在无恩赐上护佑我。'真主对他道：'我恩赐恩惠他人者，不恩赐未恩惠于人者，难道不中你意吗？'恩赐说：'我的真主啊！你之所说我很满意。'"阿布胡赖勒说："你们若意愿，当读这段经文：'你们不服信伊斯兰教，则会在地上背逆真主去捣乱，那还能同恩赐不断绝往来吗？'"（47：22）

①拜扎威说，在一般情况下，求护佑者只抓被求者的衣襟、长袍和裤子。若抓腰部，那么这种祈求就是最大的祈求了。它像是暗示，被求者应让祈求护佑

者像保护裤内器官一样去保护他免遭伤害。这是比喻和寓意。目的是指出恩赐与恩赐者功德的伟大和未恩赐者的罪恶之大。

论经文"我们确实差派你为见证者……"

艾塔·本·耶沙尔由阿布杜拉·本·艾米尔·本·阿斯处传来，他说：《古兰经》里"圣人啊！我确实差派你为见证者、报喜讯者和传警告者了"（48：8）这段经文在《旧约》里的内容是：圣人啊！我确实差派你为见证者、报喜者、传警者和阿拉伯人的堡垒。你是我的仆人和我的使者，我选派你为代表。你本质清高而不粗暴。你不是市场上的吆喝者。对你行恶者，你不以恶相待，你宽宏大量，你宽恕他们。当蒙昧的人们在信仰除安拉外，别无他主，在他们看不见真理的眼睛，听不见真理的耳朵，和迷悟的心灵被启开之后，安拉才会召回你的灵魂。"

圣训

论经文"火狱说：还有吗?"①

艾乃斯传，圣人说："入火狱者被投入火狱后，火狱道：'还有吗?'待真主将脚掌踏向火狱时，火狱才说：'够了。'"

阿布胡赖勒传，圣人说："火狱与天园辩论起来，火狱道：'我这里充塞的尽是暴虐和独裁之徒。'天园道：'为什么来我这里的全是弱者、求助者等穷人?'万能至大的真主对天园道：'你是我的恩典，我以你恩赐我意欲的仆人。'对火狱道：'你是我的刑法，我以你刑惩我意欲的仆人。'于是天园与火狱二者将被装满。但火狱直至真主踏上脚掌后②，它才说够了。这时火狱缩小，至高至大的真主不刑惩仆人中的任何人③。至于天园，至高至大的真主则让仆人继续进入。"④

①《古兰经》第50章30节。——译注

②意为真主治服火狱，犹如人将一物踏在脚下，以使其就范一样而治服它。

③指未做坏事的人。

④未做好事的人亦进天园，因为回赐并不取决于言行。

论偶像拉特和乌扎

阿布胡赖勒传，圣人说："谁发誓时，若指向拉特和乌扎发誓①，誓后当念除安拉外，别无他主。谁若叫自己身边的人来赌博，他当为此而施舍。"②

①伊本·艾拉比说：谁若向他们诚心发誓，他就是异教徒。谁因愚昧无知和疏忽而向他发誓，则应念赎罪词求忏悔，使内心从谬误回复到思念真主和使其语言回复到正道，以勾销他讲过的错话。

②纠集伙伴行禁止的赌博属罪过，为赎此罪当施舍一物。行赌与向拉特、乌扎发誓，均属愚昧时代的行径。

论月蚀

阿布杜拉·本·买斯伍德传，在圣人时代，

圣训

一九五

月亮分裂成两片，一片在山上，一片在山下。那时，圣人曾说："你们都来看哪！"

论天园帐篷内的美女

阿布杜拉·本·坎斯传，圣人说："在天园中部有一珍贵的帐篷，它宽为六十海里[①]，在它的每个角落都有陪伴穆民的美女，她们不见其他人，只与穆民亲热。还有两座天园，里面的器皿和其他物品均为银质。还有另外两座天园，里面器皿和其他物品均为金质。进伊甸园者，在觐见真主时仅隔有真主至威的外衣。"[②]

[①]一海里合拜尔赛黑的三分之一或四千步。

[②]这外衣无碍于见到真主的形象。

论为人体刺纹和为美观
而修锉牙齿的女人

圣训

阿布杜拉·本·买斯伍德传，他说：祈真主诅咒为人体刺纹[①]的女人、修面[②]的女人、拔汗毛③的女人、修锉牙齿的女人，即诅咒那些为了漂亮而变更真主所造器官的女人。使者曾诅咒接假发④的女人。真主说："你们当行圣人所令之事，戒他所禁戒之事。"（59：7）

① 以针刺破人体将出血部位染涂成绿色。

② 以这种办法刺破他人身体亦为禁戒之事。被刺部位是肮脏的，应尽可能医除它。如非动手术不能消除而需动手术时，若它属外部器官或有残废的危险可不动手术。

③ 不管怎样，拔脸上的汗毛确属禁戒之事。但女人拔除所长胡须和鼻毛不属禁戒之事，而是许可的。

④ 人为己之尊而作践了人体器官。所以，学者们一致认为接头发属禁戒之事。倘若接用的头发为已死牲畜或肉不能食用的牲畜鬃尾，因二者皆为脏物，故亦属禁戒之事。若接用洁净的鬃尾和丈夫许可的话则可行，否则不可行。

论粗暴卑劣之人

买拜得·本·哈力德由哈尔兹·本·瓦依胡扎因处传来，他说，我曾听圣人这样讲："让我给你们讲讲进天园者的信息吧！每一位虔诚、无名之士均为进天园的人。真主一定回应这种人的祈祷。让我给你们讲讲进火狱者的信息吧！每一个粗暴、奸诈和狂傲的人都是入火狱的人。"

圣训

论诵念古兰者

阿依莎传，圣人说："熟读古兰的人同尊敬的天仙在一起。虽用心古兰，但诵念吃力的人被赐予两倍回赐。"[1]

[1]两倍回赐，一倍为诵读古兰，一倍为苦读古兰。熟读古兰者所得回赐多，所以他同顺从真主的天仙在一起。

论经文 "……我们委以他进入天园的善行"

大贤阿里传，他说，我们在拜克艾尔坎德坟园参加葬仪，使者来此就坐后，我们随即坐在他的周围。使者手持一杖，并用它敲击地面，

一九八

他说:"不论是你们还是初生的婴儿,一切人在天园的和火狱的宿位均早已命定,其祸福亦早已命定。"有人问圣人:"使者啊!我们之中命定为福之人得福,为罪之人得祸后,只靠命中所定不再行善行吗?"圣人对他们说道:"对得福仆人将委以得福者的善行,对命运不好的仆人将委以命运不好者的善行。"然后他念诵经文"我们委以行善,及完全遵循真主旨意和确信至好的人进入天园的善行。"① (98:5、6、7)

①伊本·剑德尔说,据阿布杜拉·本·主帕尔传,本段经文是降给阿布·伯克尔司德克的。阿布杜拉·本·主帕尔说:"阿布·伯克尔司德克归信伊斯兰教后,他释放了信主的老年奴隶和女婢。阿布·伯克尔司德克的父亲对他说:'儿子呀!你正在释放弱者,难道你还想释放身强力壮的男人吗!须知,他们当会有助于你和保护你呀!'阿布·伯克尔司德克道:'父亲啊!我这样做全是为了寻求真主殿前的回赐。'"一些古兰注释家说,"当让最虔诚的人远离火狱"这段经文是降给阿布·伯克尔司德克的。祈真主宽恩赐惠,使我们在复生日置身在优良仆人行列。真主是至仁者至慈者。

论经文"阿耶托勒库尔斯"的益处

阿布胡赖勒传，他说，圣人让我负责保管人头税，忽来一人用双手抓取蜜枣，被我捉住。我对他说："我要把你解交给使者。"他给我讲述了自己的境遇①。然后，他对我说："你上床就寝时念阿耶托勒库尔斯（2：255），夜里，真主为保护你将派一天仙与你为伴，直至天明，魔鬼不会临近你。"当我向使者讲述这一情况时，圣人对我说道："他对你说了实话，他就是常说谎话的魔鬼。"

①他说："我需要它，因我度日艰难。"于是我放了他。他说："你放走我，我教给你几句你诵念后于你有利的话。"我问："什么话？"于是他便讲了那些话。

论经文伊赫拉苏章、纳斯章和派兰克章的益处

艾布赛义德·胡得来传，圣人问门弟子：

圣训

"一个晚上你们能读完古兰的三分之一吗？"弟子们感到这样做很是困难。于是说道："使者呀！我们谁能做到呢？"圣人说道："你念'真主独一'，就等于念了古兰的三分之一。"

阿依莎传，她说："圣人每晚上床就寝时，抬举双手，诵念伊赫拉苏章[①]、纳斯章[②]和派兰克章[③]，然后用双手抚摸全身，首先摸头、脸和身体的前面部分，并连做三次。圣人患病时，仍亲自诵念上述章节。使者病危时寄希望于上述经文赐福，由我诵念和由我抚摸他的身体。"

[①]《古兰经》第112章。——译注

因其意包含了古兰教义、典故和作证词。伊赫拉苏章则概括了认主独一的信仰。

[②][③]《古兰经》第114、113章。——译注

论古兰的益处

艾布母撒·艾西艾尔传，圣人说："读古兰的人犹如柠檬，柠檬又甜又香；不读古兰的人犹如蜜枣，蜜枣甜而不香。读古兰的伪信者犹如香草花，香草花虽香但其味酸苦；不读古兰的伪信

者犹如野胡瓜，野胡瓜既酸苦又无香气。"①

①仆人内心的醒悟，外表的征象均系古兰的影响。在这方面仆人之间是有区别的。古兰的影响对一些人重于一切，这种人是诵读古兰的真穆民。地道的伪信者在这点上是没分的，即就是外表有所表现而内心未悟的人仍是伪信者。不诵读古兰的穆民内心虽受影响但外表无表征。

论学古兰者之贵

乌斯曼·本·阿甫帕传，圣人说："在你们当中学古兰和教授古兰的人是最优秀的人。"

论常读古兰

伊本·乌买尔传，圣人说："常读古兰者恰如拴系好骆驼的主人。倘若他用心照管骆驼，它则可随时投入使用。倘若放开它，它便会逃走。"
阿布杜拉·本·买斯伍德传，圣人说："人倘若称自己忘记了某段章节，那是很糟糕的！

这皆是未多读之故，所以安拉用使其忘记之法来惩罚他。你们当常读古兰，它倘若从你们心里消失则比骆驼逃走还坏。"

论以读古兰为荣但不践行它的人

苏瓦德·本·艾派兰由大贤阿里处传来，阿里说：我曾听圣人讲："在末日，将出现一批年岁小、知识浅薄的人。他们在嘴上虽讲得漂亮，实则他们恰如从中弹处遁走的弹丸一样，也会从伊斯兰教迅速遁走[①]。他们的信仰过不了咽喉。你们在哪里见到他们，就在哪里杀死他们。杀死他们者在末日当得回报。"

①他们对伊斯兰教的信奉和伊斯兰未渗入他们心灵，犹如未嵌附在击中之处而遁走的弹丸一样。

②意为信仰未渗透他们的心灵。

论鼓励结婚

艾乃斯·本·马力克说：有三个人来到圣

圣训

二〇三

妻们的房内，询问圣人的拜功。当他们知悉圣人的拜功后认为拜功太少。他们说："真主饶恕了圣人以往的和以后的罪过，我们怎能赶上他呢？"其中之一道："在夜里，我将永不睡觉只做礼拜。"又一人道："我要永远封斋决不张口。"另一人道："我要远离女人，决不结婚。"使者来到他们面前，说道："你们这样说那样讲，向真主发誓，同你们相比，我是最畏主最敬主的了。但我有时封斋，有时不封，夜里有时礼拜，有时睡觉，我也讨老婆。谁若放弃我的教行，他便不是我教门的人。"

论无力结婚之人

阿布杜拉·本·买斯伍德传，他说，我们这些穷苦青年生活在圣人膝前。使者曾说："青年人哪！你们当中有能力结婚的人就当结婚。因为结婚能使眼睛和性器官保持真洁。无力结婚的人应当封斋，因为封斋能戒其性欲。"

论结婚时要注重女人的四种品德

阿布胡赖勒传，圣人说："娶妻时要注重女人的钱财、名声、美貌和教门[①]。你当娶有教门的女人，真主从其品德上会使你致富。"

[①]拜扎威说："有人情、有教门的人，凡事应把教门放在首位。在婚娶之类的大事上亦应如此。"

论女人的不幸

乌沙曼·宰义德传，圣人说："对男人来说，女人并非是祸害。"[①]

[①]丈夫为妻子而喜爱孩子，尤爱现妻的孩子，厚爱她甚于已离婚或已去世妻子的孩子。妻子可能不让丈夫接济自己的亲戚和不遵行真主的旨令，但丈夫却仍会因喜爱妻子而听从于她。真主说："魔鬼向人们美化了来自女人内心的兴趣……"（3：14）"你们的妻子之中子女之中也会有你们的仇敌……"

（64：14）

论不能向教胞欲娶的配偶求婚

阿布胡赖勒传，圣人说："你们当避免猜疑，猜疑是最大的谎话。你们勿探查人家的秘密，你们勿听信人们的流言蜚语，勿相互为敌，彼此间应像弟兄一样，你们对你们的弟兄①原拟讨娶的配偶，在解除婚约之前切勿向她求婚。"

伊本·乌买尔传，圣人禁止为自己购进与出售货物而破坏人家已成交的买卖，禁止向弟兄已谈妥定婚之女直至在弟兄退婚或在许其求婚之前向她求婚。

①意指教胞。

论结婚的条件

乌克班·本·阿米尔传，圣人曾讲："婚约聘礼的条件为被娶女人的正当权益，彻底践约最为需要。"

论婚姻中不合适的条件

阿布胡赖勒传，圣人说："女人想使其姐妹[①]丧失福分，为取而代之而要求休弃其姐妹是不恰当的，因为她命中原定的是什么就是什么。"

[①]意为血亲、或乳亲、或同种的姐妹，不信教者亦在其内；或指同夫女人。

论如被邀赴宴则应赴宴应约

阿布杜拉·本·乌买尔传，圣人说："你们谁若被请赴喜宴，应前往邀请之地。"

阿布胡赖勒传，圣人说："谁若请我吃前腿我必前往，谁若送我后腿我必接受。"

论对妇女要温存

阿布胡赖勒传，圣人说："女人如同弯曲的

圣训

二〇七

肋骨，你若想矫正它则会弄断它，你若享用其天生的弯曲则会得益于它。"①

①本段圣训谕示对女人要体贴温存，对她们在品德和智慧方面的不足之处要容忍。

圣训

论对关心妇女的奉劝

阿布胡赖勒传，圣人说："信真主和末日的人不得伤害邻居。我奉劝你们体贴妇女，接受我的奉劝吧！因为她们造于弯曲的肋骨，最上面的肋骨最弯。倘若你想矫正它则必弄断它，倘若让它保持原样则它仍是弯曲的①。我奉劝你们体贴妇女和接受我的奉劝并按它行事吧！"

①以此来鼓励人们对妇女要温存，要迁就，对她们的弯曲性要有耐心。

论女人的副功斋

阿布胡赖勒传，圣人说："在丈夫身边的妻

子未经丈夫许可，不得封副功斋。"①

①因为，未经丈夫许可不得封副功斋是丈夫对妻子的权利，对妻子来说封这样的斋是不义的。未经丈夫同意而封的斋虽可行，但它系罪过。

论妻子允许他人进入丈夫的居室

阿布胡赖勒传，圣人说："女人在丈夫身边时，未得其许可不得封斋。未经丈夫许可不得让他人进入丈夫的居室，未经丈夫的许可从其财物中所行施舍，其回赐的一半属丈夫。"

论进天园者和入火狱者

乌沙曼·本·宰义德传，圣人说："我站在天园门前，只见进天园者多是穷人。至于富人，他们因被清算而被挡在天园门前。该入火狱者，被命令投入火狱。我站在火狱门前，只见入火狱者多为妇女。"

圣训

二〇九

圣人说："太阳同月亮是真主表征中的两个表征，它们不因谁的生与死而蚀。当你们在见到它们被蚀之时，你们当向真主祷告！"弟子们问："使者啊，我们见你站在这里好像拿了一个什么东西，然后又见你退了回来。"圣人说道："我见到了天园，抓了一把天园的果品。如果我拿到了它，就一定够你们吃到末日了①。我见到了火狱，我从未见到过那样恐怖的地方。我见入火狱者多为妇女。"弟子们道："这是为什么呢？"圣人说道："她们忘恩负义。""是忘恩负义于安拉吗？"圣人对发问者道："忘恩负义于丈夫，不知道丈夫的好处。你对她们虽一生行好，倘若她感到稍不如意，便会说你毫无情义！"

① 因为天国水果在摘取后，被摘处又会立即重新长出水果。

圣训

二二〇

论殴打妇女不好

阿布杜拉·本·宰木安传，圣人说："你们不要像殴打奴隶那样殴打妻子。须知，在殴打的当天夜里，你们也许又会同她躺在一个被窝里。"

论对女人的戒备

阿依莎传，圣人说："穆罕默德的教徒啊！再没有谁像真主那样戒备自己男女仆人之间的奸淫了。穆罕默德的教徒啊！倘若你们知道我所知道的，则你们一定笑得少哭得多了。"

论妇女请求去礼拜寺

阿布杜拉·本·乌买尔·本·海塔甫传，圣人说："谁的妻子若请求去礼拜寺，不得阻止。"

论妻子向丈夫描述其他女人的姿态

阿布杜拉·本·买斯伍德传，圣人说："女人同女人切勿同睡一个被窝，如睡在一个被窝

圣训

二二二

里，那女人就会向丈夫描述第二个女人的姿态，恰如其夫当面①看那女人一样。"

①若向丈夫讲述那女人的美姿，丈夫就会有抛弃妻子转向于她的危险。若讲述她的短处，丈夫则会说她的坏话。艾布赛义德所传圣训称："男人不能看男人的生殖器，女人不能看女人的生殖器。男人同男人不能躺在一个被窝里，女人同女人不能躺在一个被窝里。"从这段圣训看，男人看男人的和女人的生殖器，女人看女人的和男人的生殖器均是不义的。当然，夫妻之间互看彼此的生殖器，就是看生殖器的外部和内部全都可以，因为那是有用的。——但看生殖器终究不好，因为有的圣训称看生殖器会招致眼瞎。看生殖器内部当然就更不好了。

论旅行者不得在夜里返家

加比尔·本·阿布杜拉传，圣人说："如果你在夜里回到麦地那，在你的妻子未把阴毛剃完，头未梳好前，你切勿走近她。"加比尔又说，圣人曾讲："你应求赐子。"

加比尔·本·阿布杜拉传，圣人说："谁若

圣训

长期离家，返回时，夜里勿入家室。"

论抚养孤儿者

赛黑里沙以提传，圣人说："我同抚养孤儿者在天园是如此之近。"随即张开食指与中指示意。①

①圣人指出，他自己的品位与抚养孤儿和保护孤儿者之间的差别犹如食指与中指之距。

论死去丈夫的女人

艾比赛里曼的女儿再那甫传，剑依西的女儿再拉甫的兄弟去世时，我曾到那里去，再那甫让人拿用了香料。然后说，指真主发誓，我原来无需香料，但是我曾听圣人站在宣讲台这样讲过："信真主和后世的妇女不应为死者戴孝三天以上，但若丈夫去世则应守节四个月又十天。"

论行善和养家

阿布胡赖勒传，圣人说："真主曾讲：'人们哪！你们行善和养家吧，若那样做，我当恩赐你。'"

辅士艾比买斯伍德传，圣人说："穆斯林为赞悦安拉而赡养家属①，将会获得施舍的回赐。"

阿布胡赖勒传，圣人说："接济寡妇者和周济穷人者，会得到为真主之道出征者，或夜间礼拜白日封斋者的回赐。"

乌买尔·本·海塔甫传，他说："圣人出售了从拜尼乃孜尔部落缴获的果园的蜜枣，从中给家里留下了一年的口粮。"②

阿布胡赖勒传，圣人说："在盈余时所行施舍是最好的施舍，施舍当从你承有赡养义务之人开始。"③

①指妻子、或子女、或亲属。

②这是圣人为满足家人之需和使教徒家里储存粮食合法化而采取的措施。它与圣人"不为次日聚集财物"之语并不矛盾。因为这句话是针对穆斯林生活好

转之前的状况讲的，或者其意为圣人并不为自己的私利而攒集实物。以上之语也非囤积之意，而是说为供应家室而收集钱财和储存粮食是允许的。它与仰赖真主也无冲突之处，因为仰赖真主来自内心对真主的信仰。只要树立了行真主意欲之事，止真主禁欲之事的信念，那么为了治病就不应责备类似火灸之类的做法了。当然也不能以仰赖真主为理由而坐食现成和蛮干胡来。

③其中包括赡养家室的费用、出散的钱财和天课。

论属于善功的行为

艾布母撒·艾西艾尔传，圣人说："你们当施饭于饥饿者，你们当探望病人，你们当释放俘虏。"

论饭前诵念奉真主之名

乌买尔·本·艾比赛乃曼说，当我受教于圣人时，还是个孩子，吃饭时，我常常乱抓乱撒。圣人对我说："孩子呀！吃饭时你当先念'奉真主之名'（毕斯弥拉），用右手吃，吃你跟前的。"
自此以后，我吃饭的方法一直是圣人所教之法。

论吃饭和做其他事时应从右面开始

阿依莎说："圣人大净、穿鞋、梳头时，均
尽可能从右面开始。"

论餐食之丰盛

阿布胡赖勒传，圣人说："两人的食物够三
人吃，三人的食物够四人吃。"[①]

阿布胡赖勒传，有个人原先吃得多，他归
信伊斯兰教之后便吃得少了。当这一情况传至
圣人时，他说："为穆民者吃在一根肠子里[②]，
异教徒吃在七根肠子里。"[③]

①他们为同食一盘食物之福而同饱。
②意为吃得少。
③食得过饱于肠胃无益；食得少的人，水喝得少，
觉睡得少；觉睡得少的人，将益寿延年。

论就餐

伊本·乌买尔的释奴纳裴传，他说，伊本·乌买尔进餐时，常叫一穷人同他一起进餐，他不独自进餐。我请来一人与伊本·乌买尔共同进餐，那人吃了很多。伊本·乌买尔对我说："纳裴啊！你再勿叫这人与我一起进餐了[1]。因为我曾听到圣人说：'为穆民之人吃在一根肠子里，异教徒吃在七根肠子里。'"

艾布·朱海派·赛瓦依传，他说，他曾听圣人讲："吃饭时我从不靠着吃。"[2]

[1] 因为他之多食与贪婪均属异教徒本性。真主的这句话也强调了多食是异教徒的本性："在今世犹如猛兽似地追求享受和多食，而他们的去处是火狱。"（47：8）为穆民之人对饭食不甚沉恋和贪婪，他们从真主所赐福分中吃少许也就饱了。

[2] 据说，有人给圣人送了一只羊，圣人跪坐而食。一牧人问圣人："这属哪种坐法？"圣人说："真主要我仁慈，而不是要我专横暴戾。"可见靠着坐食不好，因为那种做法，属傲慢者的行径，它袭自伊朗国王的习惯。自此后进食当端直就坐，或盘腿而坐。

圣训

二二七

圣
训

论圣人不褒贬食物

阿布胡赖勒传，他说："圣人从不褒贬食物，如称心则吃，如不称心则不吃。"①

①有人给圣人端来了烹饪好的鳄蜥。他缩回双手说道："在我的家乡没有鳄蜥，所以对吃它很感恶心。"正如伊本·拜提塔力所传，一人不喜之物会为第二人所喜。教法允许之物当无可非议，因此圣人身边的人吃了那道鳄蜥菜。这说明圣人做事合乎情理。

论对使用镀银餐具吃饭的判定

胡宰潘传，他说，我曾听圣人这样讲："你们勿穿绸缎①，你们勿用金银餐具饮水，你们勿用镀金、镀银餐具吃饭。因为这些东西，在今世属异教徒，在后世属我们。"

①指男人。——译注

论蜜枣树的福分

阿布杜拉·本·乌买尔传，他说，我们在圣人家里闲坐时，有人给他送来了蜜枣树嫩芯，圣人说："在果树中，有种犹同穆斯林一样有福分的树，那就是蜜枣树。"

论艾吉外蜜枣

赛义德·本·艾比·瓦喀斯传，圣人说："谁若在早晨吃七枚艾吉外蜜枣，当天毒物和魔法均不能触及他。"①

①这并非蜜枣的特性，而是使者祈祷的福分，或是麦地那一种著名的特殊蜜枣的特性。

论吃大蒜和洋葱

加比尔·本·阿布都拉传，据他说，圣人

曾讲："谁若吃了大蒜和洋葱[①]，则勿来我们跟前和进礼拜寺[②]。"

① 韭菜之类的有味之物亦在其内。

② 无论生的还是熟的，均为本段圣训所禁。但阿布达伍德说，在阿里所传圣训里只禁食生洋葱和生大蒜，因为炒熟后它们的气味，特别是大葱的气味便消失了。

论舔指头

伊本·阿巴斯传，圣人说"谁在饭后，未舔手之前或在未让他人[①]舔之前切勿擦手。"

① 指让妻子、子女、佣人和崇信其福分的门徒舔手。因为门徒们并不知道导师所食的哪种饭食中有福分。在穆斯林圣训集中亦有类似的记述。

论饭后应作的祈祷

艾布乌马买传，他说，圣人在吃完饭后念：

"众多的、洁净的、感叹的、不被拒绝的、不能抛弃的和不会不需要的赞美属我们的养主安拉。"圣人有一次曾这样祈祷:"我以不可翻脸不认的和对真主的恩赐不可否定的赞美来感赞让我们饱食、使我们止渴的真主。"

论艾克坎

沙依曼·本·阿米尔宰比传,他说,他曾听圣人讲:"要给男孩做艾克坎[①],你们要给男孩宰牲[②],然后再给他剃发。"

[①]为新生儿首次剃发时所宰牲畜。穆依苏乃说:"婴儿问世后,首次剃发称为艾克坎,在剃发时所宰羊只亦称艾克坎。"

[②]为男孩宰羊两只,为女孩宰羊一只。

论凡以能使牲畜出血之物宰牲均属可行

圣人说:"除牙齿和指甲外,能使牲畜出血之物,以诵念真主之名所宰牲畜之肉,均为教法所许而可食用。"

论女人和婢女所宰牲畜

圣训

伊本·乌买尔的释奴纳裴传自拜尼色里木部落的一个人，阿布杜拉纳裴说，伊本·马力克的一位婢女在赛里依山麓东面的一座小山为主人牧放羊群，她发现有只羊快死了，于是捶碎石头以利石宰了那只羊，当向圣人讲及此事时，圣人说："那肉可食。"

论乡下人和与他们相似
之人所宰牲畜

阿依莎传，有群人对圣人讲："乡下人从乡村给我们带来了肉，但我们不知道宰杀时曾否诵念真主之名。"圣人对他们道："吃肉时你们诵念真主之名，肉当可食。"[①]阿依莎说："向圣人询问此事者原是新近归信伊斯兰教的人。"

①使者此语出自贤哲气度。圣人告诉他们："怎样

二三三

宰的你们勿操心和过问，对你们来说，最紧要的是在
吃它之前应诵念真主之名。"

论生解牲畜肢体和捆绑活畜
而后射死皆属罪恶

伊本·乌买尔传，他去叶海亚·本·赛义
德家时，发现他为了行猎，正令来自拜尼叶海
亚部落的一佣人捆绑一只母鸡。乌买尔走到母
鸡前，解开了母鸡。然后把佣人领到叶海亚身
旁说道："你不该让佣人捆绑这只家禽行猎，因
为，我曾听说圣人禁止猎死捆着的牲畜或其他
动物。"

论食用宰牲节之肉

赛乃曼·本·艾克外传，圣人说："你们当
中谁若宰牲，其肉勿保存三天以上。"第二年，
人们问道："使者啊！宰牲之肉仍像去年那样处
理吗？"圣人说："你们吃，你们送人，你们留
着吃。去年，人们有困难，所以那年我才让你

圣训

二三三

们用宰牲之肉周济穷人。"

论喝酒

阿布杜拉·本·乌尔买传，圣人说："在今世饮酒，而不对其忏悔者将失去后世的美酒。"

论视酒为合义之人

艾比阿米尔或艾比马力克由艾西艾尔传来，他说，我曾听圣人讲："在我的门徒中一定会出现视淫乱、穿戴绸缎、饮酒、玩弄乐器为合义行为之人。"

论饮乳和尼罗河、幼发拉底河

艾乃斯·本·马力克传，圣人说："我爬上斯德勒吐勒门塔哈①，放眼望去，只见那有四条河。两条明河，两条暗河。两条明河就是尼罗河与幼发拉底河。两条暗河就是天园里的两条河。在我的面前端来了三只杯子，其中，一为乳、一为蜜、一为酒。我取盛乳之杯吮饮之。尔后，我被告之：你和你的门徒选饮了天然之物。"

① 第七层天的果树名。——译注

论站着饮吸饮料

阿布杜拉·马力克·买赛尔传自乃孜扎勒，他说，阿里走到寺内荫凉处站着喝水。然后他说道："人们憎恶站着喝水的人，而我曾见圣人像我一样站着喝水。"

论对着杯盏喘气饮吸

艾布坎塔旦·海尔兹传，圣人说："人在饮吸①时，不可对着杯盏喘气饮吮，小便时不可用右手摸生殖器，洗浴时不可用右手洗浴。"

圣训

①指饮水和饮吸其他东西时。

论使用银质器皿

圣妻乌木米赛尔乃曼传，圣人说："用银质①器皿饮吸之人，其腹内火狱之火会发出骆驼鸣吼般的声音。"

①或为伊玛目穆斯林所传述的"金质器皿"。

论饮吸恩泽之水

加比尔·阿布杜拉说，有次我与圣人同在一起，晡礼的时间到了，但我们身旁只有一点剩余的水，再无它水。那水被盛入一器皿后送至圣人面前。圣人将手伸至水中让手指蘸水。然后，他说道："要小净的人快来吧，真主赐给了恩泽之水。"我确实看见水从他指缝中喷了出来。人们用它小净和吮饮它。我也饱饮了那水。因为我知道这水恩泽无限①。沙里木·本·艾比剑依德问我："那时，你们有多少人喝了水？"我答说："一千四百人。"

①我知道那是祝福水所以我喝得多。多喝祝福水
会被宽恕。

论病症能使罪过得到饶恕

　　圣妻阿依莎传，圣人说："真主为穆斯林遭
遇的任何不幸而恕其罪过，甚至肢体为刺所扎
亦恕其罪。"

　　阿布胡赖勒传，圣人说："穆斯林所经历的
困苦、疾病、忧伤、险情和气怨，甚至肢体被
刺扎进，其过错均会因此而为真主宽恕。"①

　　开依甫·本·马力克传，圣人说："穆斯林
如禾苗，风吹则摆动②；逆徒虽似傲立的西洋
杉，但终逃不脱连根被拔③的命运。"

　　阿布胡赖勒传，圣人说："真主若向谁施
好，定使其逢遇忧伤。"④

　　阿布杜拉·本·买斯伍德传，他说，圣人患
病卧床，我去时，见他正在发高烧，很难受。于
是我问道："你确实痛苦难熬，你这样能得到加
倍的回赐吗？"使者答道："是的，穆斯林若遇苦

圣
训

二三七

难，真主会使其过错像树叶飘落般地离去。"⑤

①真主谓："谁若做坏事，定会因此而受刑惩。"阿布伯克尔问道："照此段真言看来，怎样才能得救呢？"圣人道："阿布伯克尔呀！真主会宽恕你。难道你不患病、你不气怨，你不忧伤吗？"阿布伯克尔道："会的。"使者说，"它就是施于你们罪过的惩罚。"本段圣训为伊玛目艾合买提传。

②因穆斯林遵循真主旨令，若喜则兴奋，若气怨则以忍耐求真主赐福。

③它会被连根拔除或被拦腰折断。须知，真主并不轻易灭除逆徒，为使其在后世处境困苦而在今世给他以淫风。真主若着意毁灭它，它定惨遭灭亡，而且它的死亡将更加痛苦和更酸辛。

④真主洗涤其罪过和提高其品级，定使其经受忧患。

⑤意为饶恕罪过。

论失去双眼者的益处

艾乃斯·本·马力克传，他说，我曾听圣人讲："真主说：'我若使仆人失去双眼，而他能忍耐，为其双眼之失，我将赐其天园。'"

论探视小儿疾病

乌沙曼·本·宰义德传，圣女再那甫因女儿病危，特派人唤请使者。这时，我、赛义德和乌班耶等正在使者跟前。使者对再那甫答复道："取予之权，操于真主。在真主身前，凡物均有定限，再那甫当祈求和忍耐真主之赐。"但再那甫发誓一定要使者来，复又派了人去。我们偕同圣人前往。小儿被放在圣人怀里，她呻吟不已。圣人双目落泪。赛义德问："使者啊，你这是为啥呀？"圣人答道："这是真主置于所意欲的仆人心中的恩典，真主只恩典那慈善的仆人。"

论病人盼死和他应作的祈祷

艾乃斯·本·马力克传，圣人说：你们任何人切勿因疾病①缠身而盼死。若一定要那样做，则应念：真主啊！如果活着于我好就让我活，如果死于我好，则请摄去我的灵魂。"

圣训

二七九

阿布胡赖勒传，我曾听圣人讲："任何人的善行，绝不会使他进天园。""使者啊！你进天园不是也靠你的善行么！"圣人对提问者说道："不是靠我的善行，我只靠获取真主的恩典、慈悯进天园。你们的身心当全在正道，但勿过分[②]。你们当中的任何人切勿盼死，若他是优良的仆人他定会增行善事，若他是歹劣的仆人他许会寻求忏悔。"[③]

阿依莎传，圣人去探视病人或病人来找他时，常诵念："全人类的真主啊！祈你免除疾病，恩赐良方，你是疗治者，惟你的疗治有效，祈你疗治它，勿留下病症。"

圣训

①亦包括其他伤损。

②礼拜过多，会使你们疲乏和使你们厌倦礼拜，进而放弃它，以至连应作的礼拜也作不成了。

③忏悔，完成应尽之责任，弥补过失，即会得到宽恕。

论真主降服病症

阿布胡勒赖传，圣人说："真主若降一症，

必伴降治疗之法。"

伊本·阿巴斯传，圣人说："病症，靠三种东西医治；放血、饮蜜和火灸。但我禁止教徒使用火灸。"

阿依莎传，圣人令人为病人和守节者做坦勒秤[①]。他说："病人不喜欢喝坦勒秤，但它有利于治病。指真主发誓，如同用水洗脸一样，喝坦勒秤，能洗涤你们的内脏。"我曾听圣人说："坦勒秤能安定病人之心，解除某些忧愁。"

①用麸皮、蜂蜜和牛奶做的汤。——译者

论疟疾、瘟疫、邪眼和禁咒

伊本·乌买尔传，圣人说："疟疾为火狱之热气，你们当用水[①]扑灭它。"

乌沙曼·本·宰义德传，圣人说："你们若听到某地发生瘟疫，切勿到那里去。在你们所在地区发生了瘟疫，你们切勿离开那里。"

阿布胡赖勒传，圣人说："邪眼是真的。"他禁止在身上以针刺纹。

阿依莎传，圣人为病症这样禁咒："奉真主

之名，以泥土造化了人祖，又以精液造化了他的子孙的真主，惟你的旨令，才能有效地疗治我们的疾病。"

圣训

艾布赛义德·胡得来传，圣门弟子数人外出旅行，有天落脚于一阿拉伯部落，他们曾要那部落招待他们，而那部落的人没有招待他们。部落首领被蝎子螫了，虽经各法医治，但均未奏效。部落中有人道："你们去问问落脚于此的那些人，或许他们有办法。"部落人来见他们并问道："诸位！我们的首领被蝎子螫了，诸法用尽，但均未奏效。你们当中可有能治服它的人吗？"其中一人道："指真主发誓，我一定要为他禁咒，但我们曾请求你们招待，而你们没有招待。因此，在你们未付报酬前，我不会为他禁咒。"之后，他们谈妥为禁咒付羊三十只。于是，他为部落首领诵念了《古兰经》法谛哈章。部落首领如释重负，立刻能正常行动了。他们向他交付了议定的三十只羊。门子中有人道："把羊分掉吧！"禁咒者道："你们勿那样做，让我们去使者那里报传这一情况，再按他的命令行事吧！"他们去使者处报传了情况。圣人道："你怎么知道《古兰经》法谛哈章能为疾病禁咒？你们做得对，你们分羊吧！同你们一样，给我也分一份。"②

①指饮水和用水浇注全身。

②圣人为使他们高兴，和使他们更清楚地领会教法许行之事，方如此吩咐。

论算卦，传染疾病和服毒

阿依莎传，人们曾就算卦询问圣人，圣人道："算卦者之话不可信。"人们道："使者啊，他们有时对我们讲的正是那样的呀！"圣人道："他们之所以说得对，是因为它来自从天仙那里窃听了秘语的魔鬼，魔鬼向他的朋友算卦者讲述了这些话，算卦者又加上成百句假话到处传播。"

阿布胡赖勒传，圣人说："你们切勿把病驼与好驼合在一起放牧。"①

阿布胡赖勒传，圣人说："跳崖自杀者，在火狱里，永远处于下坠之状。服毒自杀者，在火狱里，手持致死毒药，永远处于吞食毒药之状。以刀自杀者，在火狱里，手持利器，永远处于自刺其腹之状。"

①因可能传染疾病。此语同圣人所言"你当像逃避狮子那样逃避麻风病"之话相似，一切事物均为真

圣训

二七三

主命定。

论服装和傲慢

圣训

真主说："你说，是谁禁戒了安拉为众仆人造就①的装饰品？……（7：32）圣人说："你们勿浪费，勿挥霍，你们吃吧，喝吧，施舍吧！"伊本·阿巴斯说："你们当避免浪费与挥霍，你可食你意欲之食，穿着你意欲之服。"

阿布胡赖勒传，圣人说："长袍之长如超过两踝骨，踝骨下部在火狱里将遭受刑惩。"

阿布胡赖勒传，圣人说："有个人②身着长服，梳饰头发，傲慢异常。真主让大地吞食了他，直至复生日随地层继续下沉。"

乌木米·赛乃曼传，她说，圣人有天夜里，在念诵除"真主外，别无他主"后醒来，并问道："夜里有何灾难降世？真主宝库中有什么降临，又是谁唤醒了圣人的妻子？今世身着彩色瑰丽服装③的许多女人在后世将会赤身裸体④。安拉在让圣妻们于今世与后世之间择选其一时，曾说：'圣人哪！你对你的妻子们说，如果你们索求富裕生活所需费用和索要今世的装饰，你们就来吧！我命令给你们赡养费，毫不留难地与你们离异。倘若在我的一生中，你们祈求真主、真主使者的喜悦和后世的福禄，真主则已给你们当中按真主和真主使者的旨令行事者备就了大赏。'"⑤（33：28、29）

①如土地出产的棉花和桑蚕吐的丝。男人不得使用金具和绸缎，如无圣训之定，那么它们亦属本段经文范畴。

②指哈伦。

③指能看见体态的薄而透明的服装或豪华服装。

④意为裸体会使其丑态百露或回偿其一丝不挂。

⑤至高的真主讲得很是真切，这就是说，天园已为你们（圣妻们）抛弃了今世的荣华富贵和装饰而备就。圣妻们深知后世贵于今世，她们不迷恋今世，以至阿依莎连国库拨给的八万第哈姆（银币）都未要，却令佣人坐在一起全部分掉了它。分完之后，封斋人阿依莎才发现竟没给自己的开斋饭留下任何东西（祈真主让我们忏悔和指引我们正道，让我们脱离今世和其装饰之害，使我们成为笃诚之士，真主万能于一切）。

圣训

二三五

论坐在席子上

阿依莎说，夜里，圣人在室内隔挡一席，在其内礼拜，白日则置于地上坐用。人们常来圣人处同他一道做同样的礼拜。人数增多了，于是，圣人对他们说道："众人哪！你们做力所能及的礼拜吧！只要你们未厌倦礼拜，真主也不会厌倦纳受你们的礼拜。对真主的最好的礼拜，是虽少而不停顿的经常礼拜。"

论模仿女子的男人

伊本·巴斯说：圣人诅咒模仿女人的男人和模仿男人的女人。

论剃胡须

阿布胡赖勒传，五件事属圣行，它们是割礼、拔阴毛、剃胡须、剪指甲和拔腋下汗毛。

阿布杜拉·本·乌买尔传，圣人说："你们与异教徒所行相反，当留胡子而剃去胡须。"因此伊本·乌买尔在朝觐或行偶穆赖时，只留下一把胡子，多余的全剪掉了。

阿布胡赖勒传，圣人说："犹太教徒和基督教徒不染胡子中的白茎，你们应反其道而行！"[①]

①意为你们应当把胡子中的白茎染成黄色或红色。

论圣人的形象

艾乃斯·本·马力克传，"圣人身材适中，不高也不低。肤色白里透红，不是白色，也不是橙黄色。头发不卷曲[①]，也不硬直。四十岁时，他被圣主差派为圣。他在麦加居留十年，在麦地那居留十年，承真主旨意六十岁后归真[②]。临终时，他的头发和胡须中的白茎还不到二十根。"

①指不像卷曲成团的黑人头发。
②圣人享年六十三岁。

论梳头

赛依勒·本·赛义德传，有人从圆孔中窥视圣人院子，那时正值圣人用梳子梳头。圣人对他说道："倘若我知道你在窥视我，我必用这梳子刺进你的眼睛了。之所以规定在得到允许后始能进人家院子，就是为了防止窥视。"①

① 为防止外人窥视院内人们的羞体。

论画家受惩和毁掉画像

阿布杜拉·本·买斯伍德传，他说，我曾听圣人这样讲："复生日在真主面前，遭受烈刑者当为绘画有生命之物像的画家。"①

阿依莎传，她说："圣人如见到家里绘有有生物像的任何东西定毁掉其画像。"②

乃孜尔·本·艾乃斯从伊本·马力克传来，他说，我坐在伊本·阿巴斯身旁时，人们不断地向他提问。当有个人向伊本·阿巴斯提完问题后，他便立即阐述了圣人对这个问题所作的训示。他对问及绘画的人说，我曾听圣人讲："谁在今世绘制有生命之物的像，在复生日那人将被迫为其所画之像注入生命，而他是注入不了生命的。"③

圣训

①他们明明知道绘制和雕塑有生命之物的像是教义所禁止的，为了崇拜却蓄意绘制。他们背逆了真主，所以当进法老所进的火狱。但不以崇拜为目的而绘制者，不算异教徒，只算背离了真主。乃外威说："学者视绘制有生命之物的像为严重的非义行为，它确属大罪。不论将它画在使用的物品上或不使用的物品上，还是把它画制在服装、家俱、银币、金元、铜钱、器皿、墙壁或其它东西上，统统都是不义的。但画无生物之像不算非义之举。"

②毁坏有像之物或毁掉它的画像。对进入设置着有生物的住室有两种看法，多数学者都认为进入这样的住室是令人厌恶的。艾布木汗买提认为这是不义的。如果画像在澡塘外和澡塘的过厅里，那么入内不应视为不合教义。倘若不是在院落内而是在走廊，那么入内也无可非议。因为走廊里的画像不受敬重，而室内画像则受敬重。以上之语说明，绘在房舍院内、墙壁、

叠置好的枕头、悬挂的围幔和穿着的服装上的有生物画像，确属可憎可恶。绘制在踏踩的土地上和铺设物上，及那些用于靠垫的枕头上的画像，取掉头的画像，树木的画像属可行。在墙壁、房顶和地上绘制动物像和把它们印制在服装上是不合教义的。谁绘制了以上画像，那么仁慈天仙就不会进入他的家室和为其祈祷及诵念赎罪词了。

③这样的人在火狱里将永受刑惩。相信绘画符合教义而绘画的人，其结局必然如此。相信画有生物之像不合教义，但不以崇拜为目的而绘画是有罪的，在受一定惩罚后即会从火狱得救。本段圣训的目的，全是为了让背逆真主而绘画之人严格地约束自己的行为。在现代，用照相机照相，因它是为学识的传播，为真主和历史服务，故被视为可行。

论谁是最值尊待之人

阿布胡赖勒传，有人问圣人："使者啊，谁是我最应尊待之人？"使者答："你的母亲。"那人又问："然后是谁？"使者答："你的母亲。"那人又问："其后是谁？"使者答："你的母亲。"那人又问："再后又是谁？"使者说："再后是你的父亲。"

论承父母之许出征圣战

阿布杜拉·本·艾米尔传，有人来见圣人，说他想参加圣战，圣人问他有无父母，他说有双亲。于是人说："倘若是这样，你当很好地侍奉你的双亲。"[1]

[1]回去后，当竭力侍奉双亲。善待父母的行为与反对异教徒的圣战相等。

论人不应训责自己的父母

阿布杜拉·本·艾米尔传，圣人说："人训责自己的父母，是大罪。"有人问："使者啊！人是怎样训责自己父母的呢？"圣人说："他训责别人的父母，别人也诅咒他的父母。"[1]

[1]父母亲被他人训责且属于最大罪恶，明目张胆地辱骂双亲就是更大的罪行了。

圣训

二四一

论妇女慈悯母亲

阿布·伯克尔的女儿艾斯玛传，在古来氏人与圣人缔结侯德比耶条约的时代，我母亲尚是异教徒，她同我的父亲来到了麦地那。对此，我征询了圣人的意见，曾问："我母亲寄厚望于我来到了麦地那，我可以接济我的母亲吗？"圣人道："是的，你当接济你的母亲。"①

① 可见，接济多神教徒的母亲是应当的。

论断绝赡养者的罪恶，并论爱孩子和互相关心

主拜尔·本·穆提依传，他曾听圣人讲："断绝赡养的人进不了天园。"

艾买西说，本段圣训由哈桑和皮提尔传自圣人，圣人说："因喜他馈赠之物而回敬的赠品，不算那个人的接济。虽被反对者断绝了接济，而接济于反对者的人方为接济者。"

圣妻阿依莎传，她说，一妇女带着她的两个女儿向我要东西，我身旁却仅有一粒蜜枣，我便将这粒蜜枣给了她。那妇人把蜜枣分成两份给了她的女儿，然后便起身走了。圣人进来后，我向他讲述了这一情况。圣人道："谁②要是关心这些姑娘的生活，抚养她们，则她们③便是他免于火狱的屏障。"

阿依莎传，有个乡下人对圣人说："你们疼爱小孩，我们则不爱。"圣人对他说道："真主已从你心中勾销了慈爱，我还能将它置于你的心灵吗？"

阿布胡赖勒传，圣人爱阿里的儿子哈桑④。有天，在圣人身旁正坐着艾克热·本·哈皮生台米。艾克热说："我有子女十个，但一个我都不爱。"圣人凝视他后说道："对不痛惜孩子的人真主也是不会痛惜的。"

阿布胡赖勒说，我曾听圣人讲："真主将慈爱分为百份，自留九十九份，降于大地一份。万物互相慈爱，甚至母马为免于踏伤其子而抬举其足，皆因这一份之故。"

艾米尔先皮由奴恩曼·本·拜西尔处传来，圣人说："穆民间的慈爱，彼此间的友谊，和互相帮助，犹如人的身体，人体的一个器官患病，则会全身不安和发烧。"

①明知断绝赡养是违反教义的行为，却无故和蓄意行不义之举的人不得进天园，或者不能与早进天园者同进天园。

②抚育、出嫁和对她们施以良好的教育的人。

③与男孩相反，女孩子软弱，常常办不了自己的事情。故本段圣训强调对女孩子应格外关心。

④圣人之孙。——译注

论伤害邻居的罪过和向邻居行好

艾布苏赖海·胡扎依传，当圣人说"向真主发誓，那不是真穆民，向真主发誓，那不是真穆民，向真主发誓，那不是真穆民"时，有人问："使者啊，谁不是真穆民啊？"他道："那就是未曾避免伤害邻居的人。"

阿依莎传，圣人说："哲卜利勒常对我说要向邻居行好①。我想，遵照真主的旨令，哲卜利勒一定会使邻居成为邻居的继承人。"

阿布胡赖勒传，圣人说："谁若信奉真主和末日，则勿伤害邻居。谁若信奉真主和末日，须尊待客人，谁若信奉真主和末日，须说善言或者沉默。"

①邻居，不论是穆斯林，还是异教徒，不论是笃诚之士，还是伪信士，不论是朋友还是敌人，不论是造罪者还是造福者，对他们均应行好。

论善行、善言均属施舍

加比尔·本·阿布杜拉传，圣人说："善行善言都是施舍。"

阿布胡赖勒传，圣人说："善言属施舍。"

论万事谦和的品德

阿依莎传，一群犹太人来到圣人跟前，他们道："艾木沙木艾兰依库木。"①我明白其意后回道："也祝你们死亡和让人诅咒你们。"使者道："阿依莎啊！你要克制自己，真主喜欢万事谦和。"于是我说："使者，他们说了些什么难道你未听见吗？"使者道："我也未诅咒你们那

圣训

二四五

样啊!"

①意为"祝你们死亡","沙木"意为死亡,在音上与"平安"(色俩木)语音相近。——译注

圣

训

论为好事求情

艾布母撒·艾西艾尔传,谁要是向圣人询问什么或要求什么,他便说:"你们为他开恩吧!那样做你们将获回赐。真主通过圣人之语,意欲什么则判定什么。"

论圣人无不良劣习

艾乃斯·本·马力克传,圣人不是言语刻薄的饶舌者,他责备我们哪个人时,常说:"他怎么了,让他额头触地①吧。"

阿依莎传,有个人要求允许他去圣人那里,圣人见他便说:"这是多坏的部族头目呀②,这是多坏的部族人呀!"待他坐定后,圣人对他容颜豁开,喜容于面。他走后,阿依莎便问:

"使者啊！你一见那人便论长说短地讲了一通，以后为何又喜形于色？"使者道："阿依莎啊，你何时曾见我有不良劣习。末日，在真主面前处境最坏的人乃是因自己的卑劣而被清洗出人群的人。"

①在阿拉伯的习惯中，他们责怪人时使用的语言，但非真正咒骂之意。圣人这样说，指的是叩拜时让他前额触地。

②因他是伪信士。

论高尚的品德和慷慨的行为

艾乃斯·本·马力克传，在人们当中，圣人最高尚、最慷慨、最英勇。有天夜里，麦地那人朝着发出恐怖声音的方向奔去。而圣人在人们之前就已奔向发出声音的地方了。这时，他对人们说："你们勿怕，你们勿怕。"当时，圣人骑着艾比坦勒的无鞍垫的光背马，宝剑挂在脖子上，那马行走之快犹如奔泻的河水。

阿布胡赖勒传，当圣人讲到"时日缩短①，拜功减少，吝啬渗入人心，灾难增多"时，有人问：什么是灾难？使者答："那就是屠杀，那就是屠杀。"

①为人们寿命缩短或国家迅速灭亡之意。

论为真主交友，论辱骂和诅咒

艾乃斯·本·马力克传，圣人说："任何人与人结友，直至未为真主结友之前，和被真主拯救于叛道行为后在未知晓不叛离宗教胜于被投入烈火之前，和未将喜爱真主和他的使者视为重于一切之前，他尝不到信仰的甜头。"

艾布扎尔说，他曾听圣人讲："一人若咒骂另一人是逆徒和异教徒；倘若被骂之人并非如此，那将报应①于骂者的身上。"

艾比喀那拜由沙比提·本·扎哈格处传来，沙比提为热孜汪树旁所行誓约的参加者。他说，圣人曾讲："谁若像非伊斯兰教徒②的人那样发誓，则其所行如其誓言。人若以自己并不所有之物许愿③那将无效。谁若在今世以一物自杀，在后世，他即受该物刑惩。谁诅咒④一个穆斯林，犹如杀死他一样。谁诬称一个穆斯林是异教徒，亦如杀死他一样。"

①如若被骂者的情况确为那样，因骂者的话属实，则对他无任何报应。如果上述语言是用于歧视人和侮辱人，那么这样做就是不义了。因为人们曾被训令掩饰被谴责者的弱点和向他谆谆劝导。待其粗暴为不义的行为。所以，对他粗暴会成为使它再度迷途忘返，和促使他在那件事上坚持下去的原因。如果这样做是为了规劝他或者是以讲述他的情况来规劝别人，那么这样做是允许的。

②例如"如果我这样便会成犹太教徒或基督教徒"之类的话。

③例如"如果真主治愈我的疾病，我便释放某个奴隶或施舍某座院落"之类的话。

④从禁戒上或刑惩上来讲如同杀死人一样。因为诅咒会疏远真主的恩典，屠杀会疏远生命。

论拨弄是非和两面派行径

胡宰潘传，圣人说："拨弄是非之人不得进天园。"

阿布胡赖勒传：圣人说："对一些人一付面

圣训

孔，对另一些人又是另一付面孔的两面派[1]，末日，在真主面前将是人群中最歹恶者。"

[1] 表面上装成我是为了你们，实在他们之间拨弄是非。对每一位为和解和劝解而来的诚实人，应尽量好言相待不出恶语，这样才好。

圣训

论穆斯林掩盖自己的过错和 记恨穆斯林弟兄三日以上

阿布胡赖勒传，我曾听圣人这样讲："我的每一教徒的罪恶皆被恕免，惟公开作罪者的罪恶不被恕免[1]。有人在夜里做了点恶事，真主已掩盖了它。及至早晨起来，他却说：某某人啊！晚上我干了如此这般之事。从而暴露了真主为其掩盖了的事，这是疏忽大意的表现。"

辅士艾布艾尤甫传，圣人说："人记恨其教胞三日以上，各走一端，这样不好。相遇时，谁先道安问好，谁就是他们当中的优良者。"

[1] 因轻视和公开渎犯真主、真主使者的权力和穆

斯林的利益而不被恕免。

论说谎，为真主发怒和止怒

阿布杜拉·本·买斯伍德传，圣人说："真话引人入善，善行引人进天园。人只要确实讲真话就会逐渐成为诚实的人。说谎引人于罪恶，罪恶引人进火狱。人常常说谎，在真主面前将受惩罚。真主说：'众归信的人哪！你们当畏惧真主！当与诚实的人在一起。'"（9：119）

赛木乃·本·准杜甫传，圣人说："我梦见了两个人，他们前来对我说，你所见到的嘴唇正被撕割的人正是说谎者。谁编个什么谎言，他便四处传播，所以直至末日他的嘴唇②一直处于被撕割状态。

阿布杜拉·本，乌买尔传，圣人礼拜毕，见寺内朝向方面墙上有口痰，他生气了。用手擦去后，随即说道："人在立站礼拜时，真主就在他的对面，立站礼拜时不得向前面吐痰。"

阿布胡赖勒传，圣人说："摔跤获胜者算不上豪杰，发怒时能克制自己的人方称好汉。"③

阿布胡赖勒传，有人请圣人赠言于他以作座右铭。圣人说："切勿动怒。那人又多次请求

圣训

二五一

赠言。圣人仍道："切勿动怒。"④

①对真主的宗教在内心、语言和行为上诚实的人。

②因他说谎带来了许多恶果，这就是嘴唇受刑惩的原因，造成说谎之罪的地方正是嘴。

③动怒时，能克制自己的人犹如摔跤时战胜了对手的摔跤手。因为，人若能控制自己就是战胜了自己最强大的敌人和最厉害的对手。所以曾有"你头脑中的嗜念就是你的大敌"之说。本段圣训为肺腑之言。

④因为动怒常发生在人异常生气和头脑膨胀之际，理智地压抑自己和果断地息怒犹如摔跤者在摔跤时战胜对手一样。

论羞愧，对人以诚相待与和蔼可亲

依木拉本·胡赛音传，圣人说："羞愧知耻，会为仆人带来一切善果。"

艾比买斯伍德传，圣人说："'如果你不知羞，想干什么你就干什么吧'这句话原是从前的圣人传给后人的。"

阿布杜拉·本·买斯伍德说："你可与人来往，但勿使你的宗教蒙受玷污。"

艾布旦尔说："对一部分人我们微笑相待，而在我们的内心却一定诅咒他们。"

论为穆民之人勿用手再摸有蛇咬人的洞穴和使者有关诗词的言论

阿布胡赖勒传，圣人说："为穆民之人勿用手再摸有蛇咬人的洞穴。"①

乌拜·本·坎伊甫传，圣人说："有些诗词本身就是谕意深刻的箴言。"②

阿布胡赖勒传，圣人说："乃比尔的这些话在诗人诗词中是最真切的语言：'万物又算什么，世上惟独安拉。'"

阿布胡赖勒传，他曾听圣人这样说："你们的同胞阿布杜拉·本·乃瓦海从不讲恶言粗语。"

阿布杜拉·本·乃瓦海曾这样赞美圣人：

每当晨曦微露东方亮，

使者敬诵古兰声朗朗。

昔日愚昧不知东和西，

使者引领我辈走在正道上。

心诚志坚根底正，

来日定将正果尝。

不像异端愚怠睡不醒，

圣人不寐勤把祷词唱。

伊本·乌买尔传，圣人说："你们的心灵与其让诗词③塞满，还不如脓疮丛生。"

①穆民要小心谨慎，勿疏忽大意，以免在宗教上和今世再次受骗。

②类似劝诲、比喻、格言等符合真理实际，使人免于愚昧无知的语言。

③这句话是针对对真主的感赞，知识学问和《古兰经》的不当诗词而讲的。那些含有赞颂真主和使者，对真主的赞美和不迷恋尘世的劝诲等内容正确的诗词不在其内。

论敬爱真主的表征

阿布杜拉·本·买斯伍德传，圣人说："人在末日当与自己喜爱的人同在一起。"①

①虽无过多的善行，但只要有善良的意愿即能与喜爱的人同在天园。因为喜爱他们与跟随他们相等。热爱

之情是心灵之事，人会因自己的爱恋而得回赐。因为心愿是根本，而善行则依附于它。真主说："你说，如果你们喜爱真主，你们则应跟随我，你们那样做，真主就会喜爱你们。"

论打喷嚏、哈欠和少数人向多数人道安问好

阿布胡赖勒传，圣人说："真主喜打喷嚏[①]，厌恶打哈欠[②]。若谁打喷嚏，当念'感赞真主'（艾勒海木都力拉）。凡听见它的穆斯林都该对他说：'祈真主慈悯'（耶尔海木坎勒拉）。哈欠来自魔鬼，若要打哈欠，你应尽量防止[③]。人若打哈欠，魔鬼便会耻笑他。"

阿布胡赖勒传，圣人说："晚辈应向长辈、行人应向坐着的人、少数人应向多数人道安问好。"另一传述称，乘骑牲畜的人应向步行者道安问好。

①指非因感冒的喷嚏。因这样的喷嚏系身体舒展、呼吸畅通之故，所以它会使人在礼拜和行善时精力

饱满。

②因哈欠系食得多和肚子胀饱之故，它使人懒于礼拜和行善。

③用手封住嘴或紧闭嘴唇。

圣训

论器官的奸淫，和不得
向罪人道安问好

伊本·阿巴斯说，我还未曾见过阿布胡赖勒传自圣人所讲的类似这种小罪的行为："真主确为人类注定了奸淫的份额，这是不可防止的。眼睛的奸淫是观看，舌头的奸淫是言谈。人的愿望是欲求和开心，至于生殖器要么是按其意成事或者是未能成事。"

阿布杜拉·本·艾米尔说："你们勿向酒鬼道安问好。"①

①不向罪人道安问好，也不接受他们的问候，大多数学者的观点均属此流派。如果不道安问好在宗教和世事上会产生恶果，那么，此时也可以问好。海力裴派的一些学者常戏弄人和使用不道德的诨语之类的不礼貌言词均属犯罪行为。在未明确知悉这些人已忏

悔时，他们的道安问好不被接受。

论为首领起立和不得让
他人从座席上站起来

艾布赛义德·胡得来说，拜尼库来孜部落人对赛义德·本·木阿日的判决表示满意。圣人派人去叫赛义德，赛义德来了。圣人对民众说："你们应当起立①，为你们的首领或你们中的好人让出座位。"

伊本·乌买尔传，圣人说："人不得让他人从其所坐之处立起而自己坐②下去。"

①意为你们对他为表示尊敬应当离席起立。由此类推，对品德高尚、有真知实学、威严可信的人，为了表示尊敬亦应从座位站起来。对那些自恃高贵图使他人尊敬自己而让他人从座席上立起者不应起立让位。或者本段圣训之意为你们当离席扶着赛义德从坐驴上下来，且勿让其有碰伤。

②它应为礼拜寺，官员会议，学术会议，喜庆场合和类似的场合。但是应让未经许可而坐在他人所属座位之人让位或将他赶走。另外，还应从座位上赶走疯子

圣训

二五七

和吃生蒜者。本段圣训所限定的益处在于避免人们之间互相敌对及至侵犯穆斯林的利益。谁先来群众场合而坐据之座位当属于他。不经许可和无代价地占据应属某人之物和他的业绩则是掠夺，而掠夺是不道德的。在《拜依钱托之耻》一书也是这样说的。

圣训

论三人同在一起时另两人勿背着第三人密语，并论睡眠时不能留明火

阿布杜拉·本乌买尔传，圣人说："于三人在场之处，另两人勿背着第三人密语。"

阿布杜拉·本乌买尔传，圣人说："你们入睡时，家里切勿留明火。"

论祈祷、伟大的赎罪词及其益处

阿布胡赖勒传，圣人说："每位圣人均有其回应的祈祷。我要留下我求赐的祈祷以便在末日为我的门徒求情。"①

闪的大德·本·艾吾斯传，圣人说："最伟大的赎罪词是：安拉啊！你是调养我的主，除

你而外，再没有主。你造化了我，我是你的仆人，我尽力遵守对你的信仰和履行服从于你的保证。我求你由我所作的歹孽上护佑我。我承认你对我的恩典，我供认我的罪过。你饶恕我吧！惟你能饶恕罪过。"圣人说："谁在白日虔诚地诵念这段赎罪词，而在夜晚来临之前死去，他将进天园。谁在夜里虔诚地诵念这段赎罪词②，而在黎明前死去，他也进天园。"

真主说："你们祈求你们的主饶恕吧！他确是多恕的。他降给你们充沛的雨水，他助你们财产与子女，他赐给你们园林和诸河。"（71：10、11、12）

①真主说："你们向我祈求吧！我回应你们的祈求。"伟大、至洁的真主令人们向他祈祷和祈求，以获取特恩，真主保证应答他们的祈求。祈祷乃是一种最光彩的礼拜。艾乃斯·本·马力克在传自圣人的另一段训示称，真主曾说："我与你之间有言为定，你祈祷我回应。"仁慈的真主啊！我祈祷你，祈你施恩于我，恕我之罪，使我顺利地为你礼拜，让我升进你的天园，使我复活于你的幸福仆人行列，让我远离不幸与危险，祈你赐我子孙福禄，子孙昌盛。祈你在坑坑之声、火

狱之声和生死灾难中护佑我，真主确万能一切。诗：

你有所求就求宽恩的主，

切莫向他人哀哀求助，

你向真主祈求恩典吧，

真主将会喜悦而不动怒。

②心意虔诚，敬拜真主，知羞耻皆属赎罪条件。本段圣训总的内容是：承认真主独一，承认真主是万物的造化者，而其他一切均听命于真主；承认对真主的保证，寄希望于真主对仆人的许诺，仆人应对自己所犯罪过祈求护佑；确认福分来自真主，罪在自己，渴求真主的饶恕，承认饶恕只能来于真主。因此，它被称为赎罪词之祖。

论圣人求饶恕、忏悔和所行夜功拜

阿布胡赖勒说，他曾听圣人讲："向真主发誓，我每天一定求主饶恕和向主忏悔七十余次。"

阿布杜拉·本·买斯伍德传，圣人说："穆民在自己罪过前，感到自己就像坐在山下怕山塌下来的人一样；恶人对待自己的罪过，却轻视为犹如赶走落在鼻梁上的苍蝇。"艾布西哈甫随即用手指鼻梁上方。

艾乃斯传，圣人说："真主对仆人的忏悔，比在沙漠里找回失驼者的兴奋还要高兴。"

伊本·阿巴斯说，圣人行夜功拜时念："真主啊！万赞归你，你是照亮天地和天地万物之光；真主啊！万赞归你，你是天地和天地间万物的主宰，一切赞颂属于你，你是真的，你的约会是真的，你的言语是真的，在末日同你相遇是真的，天园是真的，火狱是真的，末日是真的，列圣是真的，穆罕默德是真的。真主啊！我只服从你的旨令，我将事情托靠于你。我信奉你和你的典籍，我真心敬奉你，我用你赐给的武器战败了敌人，我把逆徒交给了你。祈你饶恕我从前和今后的罪过，祈你饶恕我暗作与明干的罪过。在后世方始，世界末日到来的时刻是你复活我。你是惟一的主，除你而外，别无他主。"

论上厕所时和逢遇劫难时应作的祈祷

艾乃斯·本·马力克传，他说，圣人上厕所时常念："真主啊！祈你在公母魔鬼的歹意上护佑我。"

伊本阿巴斯传，圣人逢遇劫难时，常念："除至慈的安拉外，别无他主，除天地之间的养主和伟大的宝座的主宰真主外，别无他主。"

圣训

论在吝啬和其他方面求护佑及祈求恕罪

赛义德·本·艾比瓦哈斯之父传，圣人教我们这些话就像教我们识字一样："真主啊！祈你在吝啬上护佑我，祈你在恐惧上护佑我，祈你在迅速衰老上护佑我，祈你在今世的劫难和坟坑之声上护佑我。"

艾布母撒·阿布杜拉·本·喀依斯说，圣人曾这样祈祷："主啊！请你饶恕我，你比我至知我在一切事情上的罪过、我的愚昧和我的妄为。真主啊！祈你饶恕我明知、无知和戏谑时所犯罪过，这些罪我全有。真主啊！祈你饶恕我从前和今后所犯罪过，饶恕我的明暗之罪，祈你让你意欲之人早日获得你的恩典，祈你让你意欲之人稍后获得你的恩典，你万能于一切。"

论感赞真主的益处

阿布胡赖勒传，圣人说："谁倘若每天念诵'我赞美和赞诵真主'一百次，即使他的罪过如海洋之大均会被全部勾销。"

阿布胡赖勒传，圣人说："有两句念时容易，而在米扎①确为至关重要的，为真主喜爱的两句话，那就是：'我赞诵至大的真主，我赞诵和赞美真主。'"

艾布母撒·艾西艾尔传，圣人说："赞念真主的人犹如活人，不赞念真主的人犹如死人。"

阿布胡赖勒传，圣人说："真主派天仙在道路中巡游，以寻找赞念真主的人。在他们寻见赞念真主的人们时便互相招呼：'你们来呀！你想寻找的已找到了。'天仙们旋即用翅膀掩护他们升至第一层天。真主虽比天仙至知，却仍向天仙们问道：'我的众仆在说什么？'天仙答：'他们在赞念你，赞你洁净，赞你至大。他们感赞你、赞美你。'至大的安拉问：'众仆看到我了吗？'天仙答'没有，向安拉发誓，他们未看见你。'真主问：'如果他们看见我该会怎样？'天仙答：'假如他们看见了你，他们便会更加虔诚地敬拜你，更虔诚地感赞你，更多地赞你洁净。'真主问：'众仆人对我有何要求？'天仙道：'他们向你求天园。'真主道：'他们看见天园了吗？'众天仙道：'没有，向安拉发誓，真主呀！他们没有看见天园。'真主道：'如果他们看见天园该会怎样？'天仙道：'假如他们看见了天园，他们便会更加向往天园，更追切地希求它，更加喜欢它。'真主道：'众仆人在什么事情上求护佑？'天仙道：'从火狱上。'真主道：'他们看见了火狱吗？'天仙答：'没有，向真主发誓，他们没有看见火狱。'真主道：'如果看到了它，该会怎样？'天仙答：'假如他们看见了它，他们将更会远避它和更加惧怕它。真主对天仙说：'我要你们作证，对我的众仆人我确已饶恕了。'②这时，有位天仙说：'在他们当中，有个人并不在赞念者之列，他是为一件事来此才与他们走到一起的。'真主道：'他们是同路人，而同路人的福分不被剥夺。'"

①在后世称量人们善恶功过之秤。——译注
②人祖的子孙感赞安拉的洁净和至大，较天仙对

真主的感赞为多为贵，所以这是对天仙的教诫和警告。因为人们在今世不顾种种阻挠和辛苦而赞美真主，而众天仙在天上感赞真主却无任何阻挠。

论真主的美好名称，身体健康、闲暇和人在今世应像过路人

阿布胡赖勒传，圣人说："安拉有九十九个名字，差一个一百，记传他的人定入天国，安拉是单数，他喜欢单数。"①

伊本·阿巴斯传，圣人说："安拉曾赐众仆人身体健康与闲暇两种恩典，但许多人不珍惜它②，终究吃了亏。"

阿布杜拉·本·乌买尔传，他说，圣人按着我的肩头说："在今世，你是离乡人或者是过路人。"伊本·乌买尔说："你在晚上勿期待早晨，在早晨勿期待晚上③，你在健康时要为病时着想，你活着时当为死后着想。"④

①真主回报并纳受属单数的善行，因为这种善行在人的心灵、语言、信仰和品德方面具有真主独一的形象。

②《坎瓦克卜》一书对本段圣训内容的注释是：康健与闲暇人若使用不当定会吃亏，这是贱卖它们，后果当会不好。哪位仆人若康健和有空闲时间，而未充分利用它以建树业绩和完毕功行，其本身就是损失。因为它是今世利禄之源和后世的耕地，谁若以空闲时间和身体之健康用于对真主的敬拜，那他是幸福的，值得称赞的。谁若用它作恶，那他是会吃亏的。

③旅行时，你应一个小时也不停歇地继续行进，你若不勇敢地完成旅程，那你就达不到目的地，且会葬身于荒漠。

④哈肯曾从伊本·阿巴斯处传述这段圣训，圣人在劝教某人时曾说："你当在五件事之前珍惜五件事：在衰老前珍惜你的青年时代，在患病前珍惜你的健康，在贫困前珍惜你的富有，在有活路与得福之前珍惜你的闲暇，在去世前珍惜你的生命。"

论奢望，为真主的喜悦
行善和钱财的灾难

艾乃斯·本·马力克传，圣人说："人祖的子孙，年纪愈大愈是酷爱财帛与长寿①这两种东西。"

阿布胡赖勒传，圣人讲，真主说："倘若召回了我的穆民仆人亲近之人②的灵魂，他为等候我的回赐而忍耐了，则我奖他进天园。"

辅士依提潘·本·沙里木说，圣人对我讲："哪位仆人若为求取真主的回赐，来我身前诵念除安拉外，别无他主，那么，在末日，真主则使他免于火狱。"

伊本·阿巴斯说，我曾听圣人讲："倘若人祖的子孙有两山谷的畜群，他们定希求第三谷畜群。惟沙土能填满人祖子孙的肚子。真主只接受悔罪者的忏悔。"

真主说："女人、子嗣、众多的金银、马群、家畜和植物、森林等引人之物给人以美满之感，而这些都是今世人们享用之物。"（3：14）

乌买尔·本·海塔甫说："真主啊！我们除为你慷慨赐予我们之物而高兴外再无它求了，真主呀！求你许我用它得当。"

真主说："沉醉今生及其装饰的人，我就在今世把他们所做的善事不予减少地完全还给他们。这般人在后世，除去火狱别无它获。他们在今世的善事无效了，善事乌有了。"（11：15、16）

艾布扎尔说，他与圣人同行一小时后，圣

人道："在今世，财物众多的人，在末日的回赐上则是穷人，将真主所赐之物施舍给左右前后的人和将它花用在益事上之人不在此范围。"

①库尔吐比说，由此可见酷爱财帛与长寿不好。
②如子女、同胞和他所喜欢的每个人。

圣训

论精神的富有才是真正的富有，穷人的品德和珍惜语言

阿布胡赖勒传，圣人说："财物多不算富有，真正的富有是精神上的富有。"

赛依勒·本·赛义德传，有个人正从圣人跟前走过，圣人向坐在身边的人问道："正在走的人你看怎样？"他道："这是位高贵的人。向真主发誓，如果他要结婚，他定能娶妻。如果求情，他当接受恩赐。"赛依勒说，圣人听此后静默不语。正在此时，圣人跟前又走过一人，圣人又向坐在身旁的人问道："你看此人怎样？"他道："使者啊！他是穆斯林中的一个穷人，如果他想结婚，当然讨不上妻子。如果求情，当然接受不了恩赐。如果他

想讲话，当然无人去听。"圣人道："这穷人比刚才过去的贵人好。"

赛依勒·本·赛义德传，圣人说："谁若向我保证克制他的舌头和性器官，我便保他进天园。"真主说："人一讲话，身旁便有一位备妥的巡察者——天仙——记录其语。"（50：18）

阿布胡赖勒传，圣人说："一仆人无意地说了些使真主满意的话①，真主为此而升他几级；另一仆人无意地说了些使真主反感的话，真主为此而将他投入火狱。"

①如为遭受迫害的穆斯林解除迫害或帮助解决其所遇困难。

论敬畏真主、防止犯罪和天园之近

胡宰潘·本·耶曼传，圣人说："在你们之前的信徒中，有个人对自己所行善功感到失望，他给子女留下遗嘱说：'我死后，你们把我的尸体烧掉，在夏季有风的日子把我的骨灰撒向大海。'他死后其子女遵循了他的遗嘱。真主复收拢其骨灰，并向他问道：'是什么缘故迫使你这样做呢？'他说："全因敬畏你我才那样做的。'因此真主恕免了他。"

艾布母撒·艾西艾尔传，圣人说："真主派我为人们的圣人时，我就像这样的一个人，他来于民众，说道：'我亲眼看见了敌军。我在裸体状态①下警告你们，你们奔逃吧，你们奔逃吧！'一部分人听从了他，夜里安然地逃遁而得救；另一部分人不相信他，原地未动，于是敌军入侵，在早晨杀掉了他们。"

阿布杜拉·本·艾米尔传，圣人说："未以言语和行动伤害穆斯林的人是完善的穆斯林，抛弃安拉所禁之事的人是真正的迁士。"

阿布杜拉·本·买斯伍德传，圣人说："顺从真主的仆人，天园与他之距近如皮靴与缝线，叛逆真主的仆人火狱于他之距亦近如皮靴与缝线。"②

①裸体之因，乃为向人们预告敌军的入侵而脱下衣服高高地举在头顶挥舞所致。

②即使是一丁点善事亦不得轻视，因为它可能成为获得真主恩赐的原因；即使是一丁点恶事亦不得轻视而应避免，因为它可能是招致真主动怒的原因。从真主的宽恩中，我祈求平安、赐恩，使我升进天园。祈饶恕，

使我远离火狱。

论同不如自己的人相比，
并论想行善和想作恶之人

阿布胡赖勒传，圣人说："你们谁要是遇见了在财物与相貌上胜过自己的人，则应再看看不如自己的人。"

伊本·阿巴斯传，圣人说真主曾说："至高的真主命定了一切善行与恶事，然后详细地解述了它们。谁想做某一善事而未做成，真主为其记一全善的回赐；如他想做善事且已实现，真主记其十至七百善行以至更多善行的回赐。谁想做恶事而未做，真主为其记一全善的回赐，如他想做那恶事且已做了，真主为其记一恶事之罪。"

论为让他人看到和听见
而故意做作的善行及谦逊

赛乃曼准杜甫说，我曾听圣人讲："谁行善

若是故意让他人耳闻，真主在末日将当众揭露其歹意并惩罪他，谁行善若是故意让他人看视，真主也将揭露并惩罪。"

阿布胡赖勒传，圣人说："真主讲：'谁与我的善良仆人为敌，我则宣告与他开战。我的仆人以履践我为他制定的天命功课来接近我，当为我喜欢。我的仆人以副功拜来接近我，亦会使我喜欢。在我喜欢他时，我将成为他听闻的耳朵，看视的眼睛，拿握的手和行走的脚。他若有求于我，我定给予，他若求我护佑，我定护佑。'"

论喜见真主的人，病危，
论真主在末日毁灭大地

乌巴旦·本·沙比提传，圣人说："谁喜见真主，真主则喜见。谁厌见真主，真主则厌见。"阿依莎说："我们绝不想死。"圣人道："我讲的不是它。穆民临终时，将向其预示万能真主的喜悦和慈悯。这时，除死亡外，眼前的东西于他便不是亲切之物了。因此，他喜见真主，真主也喜见他。异教徒临死时，将向他预示真主的愤恨和罪罚。这时，死亡对于他是再坏不过的东西了。他厌见真主，真主也厌见他。"

辅士艾布坎塔尔传，一盛尸床从圣人面前过，圣人道："他寻得安息了，其他人亦为此获得了安宁。"门弟子问道："使者啊！寻得安息的人是谁？得获安宁的人又是谁？"圣人道："穆民仆人从今世的艰辛苦难，欺侮厌榨中取得安息，获得真主的恩典。仆人、乡里、树木和牧畜为恶人的死而得获安宁。"

阿布胡赖勒传，圣人说："真主在末日以其威力毁灭大地。然后，至大的安拉说：'我就是帝王，大地的帝王们又在哪里?!'"

论末日免于火狱，天园、火狱和天园之水

阿布胡赖勒传，圣人说："在末日，人们汗流不已，他们流的汗水淌在地上，渗入地下七十丈，直至淹及他们的嘴巴和耳朵。"①

艾得·本·哈塔木传，圣人说："你们要免于火狱。"然后以脸面似已逃离火狱的姿态对我们说："你们要免于火狱。"然后又三次以这一姿态凝视我们。因此我们想，他也许已经瞧

圣训

见火狱了！接着他便说："哪怕施舍半个蜜枣你们会免于火狱，如无施舍的东西，讲点好话，你们也能免于火狱。"

伊本·乌买尔传，圣人说："属天园者进天园后，属火狱者入火狱后，死亡便被传来，并停留在天园与火狱之间，然后它被宰杀。再后，一传令者大声呼叫：'进天园的人哪，现今死亡结束了。入火狱的人哪，现刻死亡结束了。'对此，进天园者更高兴，入火狱者则更忧愁。"

艾布赛义德·胡得来传，圣人说："至大的真主对进天园者说：'进天园的人在哪儿？'他们答：'真主，我们在此。'真主道：'你们心满意足了吗？'他们答：'你从万物中赐给了我们未曾赐给任何人之物，我们怎能不心满意足！'真主道：'我要赐予你们比那还要珍贵的东西。'他们问：'真主呀！那珍贵的东西是什么呢？'至大的真主道：'降给你们我的喜悦②，从而永不憎恶你们。'"

依木拉·本·胡赛音传，圣人曾说："有群人，因我的求情而从火狱升入天园。"

阿布胡赖勒传，他说，我曾问使者："在末日谁会因你的求情而成为最幸福的人？"圣人道："在末日因我的求情而最幸福的人是多神教徒中虔诚地、自愿顺从地诵念'除安拉外，别无他主'的人。"

阿布杜拉·本·买斯伍德传，圣人说："我清楚地知道谁是最后离开火狱的人和最后进天园的人。他是这样的一个人，他从火狱爬了出来后，真主对他说：'去吧，你去天园吧！'他来到天园，发现天园已满。他返回来对真主道：'真主啊！天园已经满了。'真主又对他道：'去吧，你去天园吧！'他来到天园，发现天园已满。他返回来对真主道：'真主啊！我见天园已经满了。'真主再对他道：'去吧，你去天园吧！赐给你的天园如今世之宽广，它比今世大十倍。'那人对真主道：'你身为帝王，难道你要讥讽我或者是笑话我吗？'"阿布杜拉·本·买斯伍德说，我见圣人笑了[③]，甚至他的门牙都露出来了。据圣人说，天园中最下等的人就是这个人。

阿布杜拉·本·买斯伍德传，圣人说："我要先去天堂湖水，为你们做好准备。"

阿布杜拉·本·艾米尔传，圣人说："我的湖之长有一月的行程，它的水比乳汁还白，其气味比麝香还香。它的饮具犹如天上的群星，饮它的人永远不渴。"

①如此淌汗乃因末日恐怖，太阳之近和拥挤不堪之故。

②因为真主的喜悦是每一宽恕和幸福之因。深知主人喜悦自己的每一个人，为他对自己的慈悯和尊爱，远较任何福禄更为高兴。

③圣人看见真主对自己有罪的仆人赐予的恩典、慈爱和喜悦感到高兴和惊奇，因而笑了。

论被真主保护的人不会犯罪，信仰和最美好的语言

艾布赛义德·胡得来传，圣人说："任何哈里发都有两位大臣。一位大臣劝他做仁事和热心于仁事。另一位大臣劝他做坏事和醉心于坏事。被真主保护者才是不会犯罪的人。"

阿布杜拉合曼·本·赛穆来传，圣人说："阿布杜拉合曼·本·赛穆来啊！你勿求官为政①，你若执意索求它，且迷恋于此，那真主不会支助你。你若未索求它，而它却临于你肩，真主则支助你。为一事发誓后，你若感到做别

圣训

的事于你有益，你当为誓言付赎罪金并行好事。"

真主说："在你们中间勿以信誓作为欺骗工具，恐怕你们在脚步稳定后复而失足，并因阻碍真主之道尝受灾害，且受重刑。"（27：94）

真主又说："你们勿因发誓让真主成为行善、尽责和在人们中间和解的障阻，真主是听得见的、深知的。"（2：224）

圣人说："最珍贵的语言有四句：安拉至大，万赞归主，除安拉外别无他主，真主万能。"

①当官系辛苦差事，能胜任之人甚少，所以你勿执意索求。你若索求且迷恋它，真主不会支助你，因此你将不能充分履行其责。所以这种人为官是不合适的。

论遵守诺言，鞭笞饮酒者，
砍断贼手和人命债

阿依莎传，圣人说："谁誓言顺从真主当顺从真主，谁誓言叛逆真主当勿叛逆①真主。"

艾乃斯·本·马力克传，圣人曾令用蜜枣

圣训

二七七

树枝和皮鞭抽打饮酒者。阿布伯克尔司德克曾令鞭笞饮酒者四十鞭②。

阿依莎传，圣人说："偷窃价值四分之一第纳尔之物的窃贼，其手当被砍断。"

伊本·乌买尔传，圣人说："为穆民者只要未枉杀人，其罪经忏悔可有获恕之路。"真主说："蓄意杀害穆民者，其刑惩是火狱。"（4：93）

真主又说："他们是这样的人，不增拜除安拉外的第二个主，不行杀戮安拉列为禁杀的无辜之人，也不奸淫。谁若行这些事，必受罪罚之刑，在末日对他将加倍刑惩和永处受刑状态。惟忏悔、归信并做善事者除外。真主改他们的恶行为善行。真主是多恕者和仁慈者。"（25：68—70）

伊本乌买尔传，圣人说："谁拿起武器反对我们，他当不属我们。"

艾黑乃甫·本·坎依斯说：当我去帮助一个人③时，遇见了阿布·伯克尔，他问："你到哪里去？"我道："我去帮助那个人。"他说："你回去吧！"因为我曾听圣人说："两个穆斯林若以刀相见，杀人者与被杀者均应入火狱。"阿布·伯克尔问道："使者啊！杀人者固然当入火狱，而被杀者入火狱又系何故？"圣人道：

"那是因为他妄图杀害自己的同伴。"

①此语指出，誓言顺从安拉的人应履行诺言。谁若在斋月初日誓言封斋则可不交赎罪金，谁若誓言宰孩子献祭则其誓言无效。

②在大贤阿布·伯克尔时代和大贤欧麦尔执政初期饮酒者曾被鞭笞四十。后来酗酒泛滥，流言丛生，无视哈里发旨令。于是，大贤欧麦尔命令鞭笞饮酒者八十鞭。

③指穆民的哈里发大贤阿里·本·艾比塔里甫。

论处死杀人者，冤杀、报仇

阿布杜拉·本·买斯伍德传，圣人说："信奉'除安拉外，别无他主'和我是至圣的穆斯林未触犯三件事之一者不能加以杀害。它是：杀害无辜的人，有夫或有妇之人与人通奸，离众叛教。"

伊本·阿巴斯传，圣人说："真主最怒恨三种人：身在天房而背离正道者，信奉伊斯兰教却行愚昧时代残余行径者，无故杀人至死者。"

阿布胡赖勒说，我曾听圣人讲："在今世我们是最后来的，在后世则是立于最前列的门徒。"阿布胡赖勒在本段圣训中还说，他曾听圣人讲："谁若不经你的允许而窥视你的家室，你若用石头击瞎他的眼睛，那于你丝毫无罪。"

圣训

论发誓，被矿井压死者毋需赔偿，杀害被穆斯林保护者的罪过

艾西艾斯·本·坎依斯传，圣人说："为处理你的起诉须有两名证人或被告的发誓。"

阿布胡赖勒传，圣人说："牲畜造成的损失毋需赔偿，矿井带来的损失[①]毋需赔偿，金银矿产值的五分之一应为天课。"

阿布杜拉·本·艾米尔传，圣人说："谁若杀害一位签约[②]的人，他将闻不到天园香气，天园香气来于四十年里程之处。"

①有人在自己地里或皇家地内挖井时，若有人或其他东西陷井伤毁，井主不负责任。若雇人挖井，他被井塌压死，雇挖者不负责任。在正派的穆斯林行走的道路上或未得土地主人的同意而在他的地里所挖之井，若有

人陷落井中致死，挖井者应负责任并付赎罪金。除人外，它物陷井致损，挖井者也应赔偿。对坑道的判定与井相同。

②如签约异教徒税或曾与国王订约，或被一穆斯林保护的人。

论为真主举伴匹偶、拒纳天课和狡诈

阿布杜拉·伊本传，一乡下人来见圣人，他问："使者啊！什么罪最大？"使者道："为真主举伴匹偶。"乡下人问："然后是什么？"使者道："虐待父母。"乡下人问："再后是什么？"使者道："假誓。"于是我问："什么叫假誓？"使者道："假装发誓以夺取穆斯林的财物。"

圣人说："驼主如不交纳天课，真主在后世会向他差来骆驼，它们将用蹄子狠踢他的脸面。"

阿布胡赖勒传，圣人说："勿以阻止他人使用多余牧场为借口来阻止他人使用多余的水。"①

①意为，谁若在沙漠戈壁打出了水，在水源周围放牧的牲口除它外若无再可饮之水，水主不得阻止牲畜饮多余的水。因为阻止饮水，会使人招致损失。

论结婚与聘礼

阿布胡赖勒传，圣人说："未获姑娘同意，不能婚娶她，未获寡妇同意，也不能婚娶她。""使者啊！姑娘同意有何表示呢？"使者对问者答道："姑娘低头静默就是表示同意。"有人①认为，如未征得姑娘同意和被娶者不愿意婚嫁时，有人使用伎俩说合二人，谎证姑娘愿意而成婚，若伊斯兰法官又按他们的作证而认定姑娘的出嫁，男方明知假证而与姑娘同房，那是不可非议的②，是合法婚姻③。

伊本·阿巴斯传，圣人说："收回礼品的人，犹如重吃其呕吐物的狗一样。我们不能沾染上这种不良品习。"

①他是伊玛目艾扎木·艾布海尼派，祈真主恩典他。

②不因它而有罪。

③按艾布海尼派的观点，法官的判决在内外都得执行。

圣训

论优良仆人之梦，梦源自
真主和预示之梦

艾乃斯·本·马力克传，圣人说："好人的好梦，乃为圣行的四十六分之一。"

艾布哈塔旦传，圣人说："好梦来自真主，恶梦来自魔鬼。"

阿布胡赖勒说，我曾听圣人讲："现今圣行只余下预示了。"门弟子问："使者啊！是预示什么呢？"圣人道："好梦。"

①这是比喻，意为预示将随圣人逝世而告终。

论梦见圣人

阿布胡赖勒传，圣人说："梦见我的人会见到我①，魔鬼模仿不了我。"

艾布赛义德·胡得来曾听圣人讲："在梦中见我之人是真见，因为魔鬼模仿不了我。"

伊本·色仁由阿布胡赖勒处传来，阿布胡

赖勒说，我曾听圣人讲："末日临近时，穆民所梦不假，穆民的梦乃是圣行的四十六分之一。"木汗买提·本·色仁说："我看圣人门徒所见之梦是真的。"阿布胡赖勒说，他还曾听圣人讲："梦有三种：人睡着后反映所事活动的梦[②]；第二，魔鬼引起的恶梦；第三，来自真主的预示[③]之梦。谁若梦见恶梦切勿向任何人讲，应起来做礼拜。"

伊本·色仁说，艾布胡赖来讲，梦见脖子铐上枷锁不好。圆梦者认为，梦见双脚带上脚镣方好。它被解释为那是在宗教上坚定的表现。

①意为在末日相见。它向梦见圣人者预示应带随信仰离开今世。因为惟以信仰离开今世，在后世方可优先地见到圣人。祈真主以特恩让我、我们的朋友和一切穆斯林见到圣人。祈真主施恩，让我们进天园，免于火狱之苦。

②为一些日常活动或情爱之事，这种梦无意义，不能圆说。

③它由梦仙带来。

论谎说做梦

伊本·阿巴斯传，圣人说："谁若谎说做了梦，在末日他将被迫将两粒大麦合在一起，而他是绝对做不到的。谁若听了他不喜欢听的话或他人让他回避的话，在末日其耳将被灌注铅汁。谁若画制有生物像，在末日将受惩刑，并迫使他将生命注入画像，而他注入不了生命。"

伊本·乌买尔传，圣人说："将双眼未曾看见的东西说成看到了，这是最大的说谎。"

论做恶梦后怎么办及晨礼后圆梦

艾布提热比海·本·赛义德由艾布赛来曼处传来，艾布赛来曼讲：我常做恶梦，患病不已。后来，我听艾布哈塔旦讲，他也同我一样。他说，他曾听圣人讲："好梦来自真主，谁做好梦只应向喜爱的人讲。做恶梦，因其可憎和魔鬼的可恶当思念真主，向左面吹吐三次，不告诉任何人，则那梦伤害不了他。"

圣训

二八五

圣训

赛穆来·本·准杜甫传，圣人曾多次问门弟子："你们当中有无做梦的人？"于是，真主意欲的人均向圣人说梦。圣人在早晨对我们说："夜里两位天仙来此叫醒了我。天仙对我说'快起来走吧！'于是我便跟着他们走，我们来到了一位仰卧之人的身旁。他旁边有个人手握石头，向他扔去，砸破了他的脑袋。石头复滚回砸者跟前，他拾回石头等候被砸者的脑袋恢复原状。他的脑袋复原后，又像前次那样扔去石头，砸破他的脑袋。"圣人说："我问天仙：'真怪，这两人是什么人哪？'天仙对我道：'走吧，走吧。'于是，我们来到一仰卧之人的身旁。他旁边站着一个人，正用弯刀对着脸的一面从他的嘴唇、鼻子、眼睛起一直豁到脖子（在艾布乃江的传述中，"豁开"之词曾用为"豁伤"一语），然后对着脸的另一面照样做去。待豁完这面，先豁的那面已恢复原状。他遂像前次那样，再重豁复原的那面。我问道：'这两人是什么人呢？'天仙对我说：'走吧，走吧！'于是我们来到了形如馕坑①似的一个屠宰场。"据赛穆来·本·准杜甫的回忆，圣人曾说："屠宰场传来了挣扎叫喊的声音，朝屠场看去尽是些赤身裸体的男女。在他们的脚下，火焰直往上窜。火焰窜来他们就呼喊不已。我问天仙：'他们是谁？'天仙对我道：'走吧！走吧！'于是，我们来到一条水渠。"赛穆来·伊本·准杜甫说，据我回忆，圣人曾讲："水渠的水像血一样鲜红，渠内有个人在游水。渠岸上有个人在自己身旁拾集了许多石头。在渠内游水的人游到拾集石头者的面前便张开大嘴，那人遂向他嘴里塞进一块石头，他遂返回渠内继续游水，然后又游到他的面前，他每次游来都张开大嘴，嘴里每次都被塞进石头。我问天仙：'他们是谁？'天仙对我道：'走吧，走吧！'于是，我们来到形状异常难看的一个人身旁，他正在捅火，并在周围踱来踱去。我问天仙：'这是什么人？'天仙对我道：'走吧，走吧。'于是，我们来到一座长满高大植物，盛开着春天各色鲜花的园子。在园子正中站着一位身高高到看不到头的人。他的周围围着许多孩子。这样多的孩子我从未见过。我便问天仙：'他是谁？他们又是谁？'天仙对我道：'走吧，走吧！'我们走啊走啊，又来到了如此之大的一座花园，我还从未见到过这样大和这样美丽漂亮的花园。天仙要我进花园，我们进了花园。我们来到了由金砖银砖修筑的一座城

圣训

二八七

市，到了城门旁，我们要求打开大门。城门为我们洞开，我们进了城。在这里，仆人中半身很美丽半身很丑恶的人迎接了我们。天仙对他们道：'去吧，你们到那条渠里去吧！'我们一看，正对面有条正在流淌的水渠，其水白如乳。他们到了渠边，下了水，然后朝我们身旁游来。他们身上的丑恶被洗掉了，变成了最美丽的形态。天仙对我道：'这就是你的归宿伊甸园。'我放眼朝上一看，那里有一座白云般的宫殿。天仙对我说：'那就是你的住处。'我对天仙道，祈真主赐你们幸福，请你们允许我，让我到里面去。天仙道：'现刻不能进去，你将来是会进去的。'我对天仙们说：入夜以来，我见到了那样多的奇怪现象，请给我讲解一下吧！天仙对我道：'我们会让你知道他们的。你在前面见到的，脑袋被石头砸破之人是学习《古兰经》后不照办的人和天命拜时睡觉的人；从嘴唇、鼻子、眼睛起直至颈脖被豁开的人是早晨离家，在外散布流言蜚语的人；呆在馕坑似屠场的男男女女则是淫徒；在渠里游水张开大嘴被塞进石头的人是吃利息者；站在火堆旁捅火和在它周围踱来踱去者是掌管火狱的天仙马力克；在园中的高个子是圣人易卜拉欣，他周围的孩子是被造化为伊斯兰教徒的人。'"赛穆来说，有位穆斯林问："使者啊！多神教徒的孩子亦属他们一类吗？"圣人说："多神教徒的孩子也在其内。仆人中半身漂亮半身丑恶的人是把好事与恶行混在一起的人。祈真主饶恕他们。"

①做烤饼的圆形烤炉。——译注

论圣训"服从苏丹和手执武器反抗我们的人"

伊本·阿巴斯传，圣人说："你若不喜欢首领的某些行为①，当忍耐②。谁若叛离苏丹一寸他就会像愚昧时代的人死去那样死去。"真主说："你们当畏惧那不仅临到不义之人的灾祸。"（8：25）

朱纳旦·本·乌买耶说："乌巴旦·本·沙米提病了，我们去看望他。我们对他说：'祈真主使你病愈。请你给我们讲点你从圣人那里听到的训示，以求真主回应你。'乌巴旦·本·沙米提说：'圣人召唤我们，我们顺从了圣人。我们是在这种前提下驯服的：有志趣时或无志趣时，困难时或顺心时我们都服从他。就是在君王迷恋个人利益时，我们也服从他们。在未犯有已为真主明确例证③的公开叛教行为前，我们也服从他们。"

阿布胡赖勒传，圣人说："你们对自己的同胞切勿使用武器，因为他不知道，魔鬼会夺走他手中的武器，使他可能会逢遇被掷于火狱的事件。"④

①宗教事务。

②对不如意之事要忍受，仍应继续服从苏丹。

③在《古兰经》或可靠《圣训》的明确解释之外，若再无其他解释，当正确判断伊斯兰苏丹的行为，不允许对其造反。

④由此可见，导向不义行为的事当该避免，虽然它尚且还不是不义的行为，但不论它是出自真心还是玩笑均应避免。同时，本段圣训戒禁骂人、闹事和危害他人的行为。

论真主惩罚一部族，管理好民众和盼望坟坑

伊本·乌买尔传，圣人说："真主若降罪刑

于一部族，则罪刑遍及他们所有的人①。然后，在末日视他们的善恶而分定。"

阿布胡赖勒传，圣人说："人途经一墓穴，直至未盼望在那里的人如果是自己该是多好之前，末日是不会降临的。"

买坎勒·本·那沙尔传，他曾听圣人讲："管理斯林的任何长官若口是心非，致使他们含冤死去，则真主不许他进天园。"

阿布·伯克尔给在色吉斯坦任哈孜的儿子写信说："你在发怒时不可为双方行判。因为，我曾听圣人讲：'为官之人发怒时，决不要给双方作出判断。'"②

①刑惩是普遍的，甚至部族内部的优良仆人也不例外。因为真主的刑惩是清洁优良仆人和报复恶人之物。行善者有好报，作恶者有恶报。

②因发怒会导致官员做出不公正的判断。

论人在什么时候任法官和作出 公正的判断方为合宜

哈桑·拜色热说，真主要长官不追求私欲，

不怕民众①，不贱换真主的真言。然后，哈桑念诵经文："达伍德啊！我委你在地上行统治，要你在众人间作出公正的判断，勿追求私欲，它会使你错过真主之道，的确，错过安拉之道的人们，均因忘记审判日而遭受烈刑。"（38：26）他又诵读："我曾降下引导的和光明的旧约，服从安拉旨意的列圣以旧约为犹太人行判。犹太人学者和众博士依照寄托给他们的天经行判断。他们本是旧约不被践踏和删改的见证者。犹太人啊！你们勿怕人，当要怕我。你们勿以我的表征换取微小的代价，凡未依真主所降真言作判断者，统是不信的人。"（50：44）

①不怕暴君或他人的伤害。

论夸赞苏丹

木扎罕木·本·主帕尔讲，乌买尔·本·阿布杜拉艾则孜曾对我们说："任伊斯兰法官之人若缺少以下五种品德之一就是他的一大缺陷。伊斯兰法官应该温和谦逊，是决不违反教法禁戒的硬汉子，熟知教义教法和在知识上常常向

圣训

人求教的人。"乌尔外·本·主帕尔曾对伊本·乌买尔说:"我们见苏丹时,我们做的与我们对他讲的不是恰恰相反吗?"伊本·乌买尔道:"在圣人时代,这种做法我们曾认为是叛逆行径。"

论奉行圣人的圣行和向妇女施行宗教教育

加比尔·本·阿布杜拉传,圣人正在睡觉天仙来于他前。一些天仙说,他睡着了。另一些则说,他眼睛睡了心是醒的。他们相互说道:"对这位伴侣曾有个比喻,谁来讲讲它呢?"一些天仙说,他睡着了,而另一些则说,他眼睛睡了心是醒的。他们又说道:"对他的比喻是:有人修了一座院子,在院内举行宴会,曾派一传讯者请人赴宴。受传讯者邀请的人来院子赴宴,未受传讯者邀请的人,没有来院,也未用宴。"天仙们道:"向圣人释解开这个比喻让他领悟领悟吧!"一些天仙说,他睡着了,另一些则说,眼睛睡了心是醒的。众天仙道:"院子是天园,传讯者便是圣人穆罕默德。谁服从圣人穆罕默德就是服从真主，谁背叛圣人穆罕默德就是背叛真主。圣人穆罕默德是人们的划分者。"①

艾布赛义德·胡得来传，有个女人来见圣人，她说："使者啊！男人经常听你宣教布道，就你之便找一天时间，也给我们讲讲真主传谕给你的真言吧！"圣人道："你们某日聚集在某地吧！"她们聚集起来了，圣人给她们讲授了宗教真言。然后，对她们说："你们中不论哪个女人，若从前已死去三个儿子，他们就是她免于火狱的屏障。"聚集在一起的妇女中有人问："使者啊！要是从前已死去了两个儿子呢？"艾布赛义德称，问这句话的那个女人重复了此语两遍。圣人道："两个也罢，两个也罢，两个也罢，都一样。"

①是穆斯林与异教徒、善与恶的划分者。奉行圣人圣行的人被拯救于火狱之苦，背离它的人则受刑惩。

论跟行前人之路和
怂恿干坏事之人的罪恶

艾布赛义德传来，圣人说："你们已经亦步

亦趋地跟行了前人经历之路，即使他们钻进蛤蚧洞①，你们也得跟进。"我们道："使者啊！我们跟行的是犹太教徒与基督教徒吗？"使者道："不是他们又是谁呢？"

　　阿布杜拉·本·买斯伍德传，圣人说："被迫害致死的每个人具有人祖的份额。"②在苏福扬所传的本段圣训中曾加入："在他的血液中有人祖血液的一份，因为是他首次允许杀人。"③真主说："在复生日他们将担负自己的全部重担，并担负被他们茫然引入迷误者的罪恶。"（16：24）

　　①不是背离宗教，而是在造罪上紧跟他们。所以在步他们的足迹和跟行他们时，就是遇到如此狭窄之处，你们亦得从后跟进。

　　②指卡比勒杀死自己的弟兄哈比勒。

　　③本段圣训鼓励戒止歪门邪道和创定新事物。因为有异端行为的人，在初期，视它为小事而轻看它。而异端行为正来源于他，故追随者的罪过当由他承担，但他却感触不到会出现的恶果。因为，圣训里讲："谁若助长恶行，助长者的罪责在丝毫不减少之外，还当担负作恶者的同样罪责。"

论发生分歧不好和真主
确为赐予给养者

圣

训

准杜甫·本·阿布杜拉传，圣人说："假如你们的身心灌注于古兰，那你们就去诵读它，在理解其意时若发生分歧，你们当回避它。"

艾布母撒·艾西艾尔传，圣人说："没有谁能比真主更能忍耐非难的了。他们竟诬称真主有子，而真主仍慈悯他们，给养他们。真主说：'真主确是赐予给养的，有权的，有力的。'"（51：58）

论入睡时诵念真主之名，并论经文
"真主警告你们背叛他"

伊本·阿巴斯传，圣人说："以你的威严祈你护佑，除外别无他主，你是不死的，而魔鬼、人是要死的。"

阿布胡赖勒传，圣人说："你们在入睡前，应用衣服的一面掸床三次并念：'调养我的主啊！

赞念着你的尊名，我躺下，我起来。你若要召回我的生命，则祈你慈悯我；如果你让我继续活下去，则祈你用护佑你优良仆人之物来护佑我。'"

胡泽潘传，圣人入睡时念："真主啊！我若活，赞念着你的名字而生；我若死，赞念着你的名字而死。"早晨起床后念："一切赞颂全归使我们死后复活的真主，在末日又是真主使我们复生。"

阿布胡赖勒传，圣人讲，真主说："我的仆人对我是怎样想的，我对他也那样①。他赞念我，我就同他在一起。如果他秘密地赞念我，我则秘密地回赐他。如果他在公众场合赞念我，我则在更好的场合回报他。他若靠近我一寸，我则靠近他一尺，他若靠近我一尺，我则靠近他一丈。他若步行来见我，我则跑步②去见他。"

①如果他想真主会饶恕他，原谅他，那我就赦免他，见谅他。如果他想我会惩罚他，我就惩罚他。人若相信真主会纳受拜功和饶恕他，则应努力完成它。因为真主对那样做曾向他作过许诺，真主是不毁约的。对真主的信念，若同上述相反，且失望于真主的恩典那就是最大的罪过。谁若怀着这种信念而死，其责任全在于他。在罪过重重的状态下，才思求真主的饶恕

圣训

二九七

将是愚昧的和无用的。

②意为若以少量拜功接近我，我则给他多多的回报，拜功愈多，我给他的回报愈多。接近和跑步之语是以类推的手法来阐述的比方。

圣训

论真主非常富裕，真主的戒备
胜于任何人和恐怖拜

阿布胡赖勒传，圣人说："真主非常富裕，他的财富施之不尽，真主的馈赠日夜不停。自从造化天地以来，真主赐予的，你们看见了吗？真主所有之物用之不尽，在造化天地之前，真主的宝座在水上。真主手上有一只公平的秤，他让意欲之人下降，让意欲之人上升。"

穆恩来传，赛义德·本·乌巴旦说："我若发现哪个男子与我妻子在一起，我一定用剑刃打那男人。"当此话传至使者时，他道："对赛义德的戒备你们不感惊讶吗？向真主发誓，对这种事，我的戒备胜过赛义德，而真主的戒备更胜于我。正因为真主是至戒者，才将一切明的和暗的丑行作为禁戒之事。再无任何人比真主喜爱自己的了。因此，真主才派来预示者和警告者——

列圣。再无任何人比至大的真主喜爱赞美了，所以他对服从自己的人许诺了天园。

伊本·阿巴斯说，圣人忧愁时念："除至慈的安拉外，别无他主，除天地的主宰和雄伟的宝座主人真主外，别无他主。"

论天仙来去于真主之前，复生日穆民见真主尊容和光泽的脸面

阿布胡赖勒传，圣人说："黑夜天仙与白昼天仙在你们当中轮换。他们在晨礼与晡礼时分相会。然后，在你们身旁的天仙升天返回真主身前，至洁的真主虽较天仙更明了仆人的情况，却仍问天仙：'你们升离时，我的仆人正在干什么？'天仙道：'我们升离时，他们正在礼拜，我们回到他们身旁时，他们亦在礼拜。'"

艾布赛义德·胡德来说，我们曾就后世见真主之事问圣人："使者啊！在复生日我们能见到真主吗？"使者道："在天气晴朗时，难道你们对看清太阳与月亮会有争议吗？"我们答："没有。"使者道："在这个时候，你们见真主，犹如对看清太阳与月亮没有争议一样。然后会

圣训

出现一位传讯者，他宣告：'各部族人都到自己崇拜物那里去吧！'于是基督教徒向十字架走去，多神教徒向偶像走去，崇拜其他神的人都向所信之神走去。最后留下了敬拜真主的人，不论他们是忠诚的仆人，还是昧主的仆人。于是，天仙对他们说道：'人们都走了，你们为什么还坐在这里？'他们道：'我们在现世时已与他们分离①，而那时我们最需要他们。我们听到传讯者要各部族人都到自己崇拜之物跟前去的宣告后，我们正在等待真主。'在他们的面前出现了威严的真主。他说：'我就是你们的真主'。他们道：'你就是我们的主吗？'此时，除圣人外，对真主谁也说不出话来。真主对他们说：'你们与真主之间有无相认的标志呢？'他们道：'标志是万道霞光。'这时，真主显现出万道光芒。每个穆民均向他叩拜。那些在今世为让人知晓而假意向真主叩拜的人却呆在那里，他们想叩拜，却因腰板发硬，弯不下去而叩拜不成。然后他们被带至独木桥，被置于火狱上。"我们问圣人："什么是独木桥？"圣人道："独木桥是脚站不住的光滑之桥，那里有铁链、铁钩，弯曲多刺的荆棘，在内志它被称为骆驼草。穆民过桥如眨眼之快，如电似风，如跑马似走驼，飞快而过；有的完整而过，有的负伤而过，有的过不来而落入火狱烈火，甚至最后过去的竟是被拉过去的。此后，穆民求真主从火狱中拯救自己的同胞。真主道：'现刻你们有权向我求一件你们认为在前世时是正当的事。'于是，他们在自己得救后说道：'我们的主啊！我们的同胞曾同我们一起礼拜，同我们一起封斋，同我们一起行善。'真主对他们道：'你们去吧！在谁的心中若有一分信仰，你们可将他带出火狱！真主会使他们的身体免于火狱。'他们向入火狱者的身旁走去。放眼看去，有些人双足已陷进火狱，有些人小腿已陷进去一半。他们将认识的人带出了火狱，然后返回原处。真主对他们说道：'你们去吧！在谁的心中若有半分信仰，你们可将他带出火狱。'他们复去将认识的人带出了火狱，然后返回天园。真主又对他们道：'你们去吧！在谁的心中若有一丁点信仰，你们也可将他带出火狱。'他们遂将认识的人带出了火狱。"艾布赛义德传，圣人说："你们若不相信我讲的，就请读真主的这段话吧：'安拉不施暴虐，他如有善行，则加倍回赐。'因此，列圣、天仙、穆民纷纷求情。此时，威严的真主道：'现在只待我的恩赐了。'于是，从火狱放出了一批烧焦了的人。他们被投在天园路口有救命水的水渠里。在水渠两岸，他们的器官像百草种籽在洪水泥滩里发芽一样迅速生长。在石头、大树旁发芽生长的野草，你们已看见，长在向阳面的为绿色，长在背阴面的为白色。他们从水渠中出来就像珍珠那样的晶莹。在他们的颈脖上饰有金子和其他东西做成的标志。他们进入天园。天园人指着他们道：'他们都是真主从火狱中解救出来的人。在前世，他们虽无善行和没做好事，真主仍让他们进了天园。'在天园，他们被告知：'你们所见一切物品和多于它们一倍之多的物品均归属你们。'"②

艾地·本·哈坦木传，圣人说："你们的真主安拉，向你们所有的人讲话，其间不用翻译，也无阻挡的屏障。"

穆阿维耶·本·阿布·苏福扬传，圣人说："我的信徒中有一批人会坚定地履行真主的旨令。造谣者和反对者损害不了他们，直至真主关于末日降临的旨令来到之前，他们仍将如故。"

①在现世我们与背叛敬拜真主的人分道扬镳，为

圣训

了真主我们抛弃了他们。

②由此可见，门徒中有罪的仆人在火狱受惩后，经真主特恩与赐福将从火狱得救。真主啊！祈你施恩以使我们免于火狱刑惩。

论至大的安拉真言

阿布胡赖勒传，我曾听圣人讲："有个仆人犯了一罪，因而他道：'真主，我犯了罪，请你饶赦我！'他的真主道：'我的仆人尚知道他有饶恕罪过和刑惩罪过的真主，我饶赦我的仆人。'以后，他在真主意欲的时间之后犯了罪，他道：'真主啊！我第二次犯罪，请你饶恕我。'真主道："我的仆人尚知道他有饶恕罪过和刑惩罪过的真主，我饶恕我的仆人。'以后，他在真主意欲的时间之后又犯了罪，他道：'真主啊！我犯罪了，请你饶恕我吧！'真主道：'我的仆人尚知道他有饶恕罪过和因它而施惩刑的真主，我第三次饶恕仆人的罪过，凭其意欲而行①吧。'"

艾地·本哈坦木传，圣人说："在复生日，你们的真主不需翻译就能同你们每个人直接交

圣训

谈。朝右看，他会看到自己在现世的行为；再向左看，也会看到自己在现世的行为；朝前看却见火狱就在眼前。哪怕是施用半粒蜜枣②，你们亦会免于火狱。"

圣训

①意为犯罪后应当忏悔和诵念赎罪词，而不是在犯罪忏悔后让他再次犯罪。那种忏悔是扯谎者的忏悔。艾布勒阿巴斯称，这段圣训指出了赎罪词的益处之大，真主的特恩之多，真主的恩典和慈悯之广。但是在为解开不断犯罪的症结和引以为戒而忏悔时，不仅口头上应诵念赎罪词，内心更应牢记其意。"犯了罪而忏悔的人是你们的好人"之意是说犯罪与忏悔是交替反复的，犯罪后不应当仅在口头上称道不好，而是应当改正，勿再深陷罪坑。

②意为你们勿为半粒蜜枣害人，或者你们就是施舍半粒蜜枣，也会使它成为你们与火狱之间的屏障。

论古兰学家、熟练的古兰朗诵者和精读古兰

阿布胡赖勒传，圣人说："只有两种人值得羡慕，一种人是，真主教他精读古兰，他日夜

诵读。有人羡慕地说：'但愿真主像教他那样也教我精读古兰，我也像他那样日夜诵读。'另一种人是，真主赐财物给他，他把财物施用于真主之道。有人羡慕地说：'但愿真主将赐给他的财物也赐给我，我也像他那样把财物施用于真主之道。'"

圣人曾说："熟读古兰的人[①]与真主身前可敬的、顺从的天仙在一起。你们当以优雅的音调，有节奏地认真地诵读古兰。"

阿布胡赖勒传，他曾听圣人说："真主从未像倾听圣人用优美的音调，高声诵读古兰经的声音那样去听任何话语。"

[①]专心致志认真诵读的人。

论宣礼员的声音，真主造化了你们和登霄

艾布赛义德·胡得来曾对阿布杜拉·本·阿布杜拉合曼说："我看你喜欢羊群与牧场。当你身在羊群或身在牧场时，你若宣召礼拜，当高声呼唤，因为听见宣礼员声音的精灵，和其

他东西，在后世均会为他作见证。"艾布赛义德·胡得来说："这句话我是从圣人那里听到的。"

阿布胡赖勒传，我曾听圣人讲："真主说：'世上会有妄图像我一样造化万物的狂妄的人吗？让他造化一只小蚂蚁，或一粒种籽，或造化一粒大麦试试看。'"

艾乃斯·本，马力克传，为从圣寺带圣人登霄与真主相会，在默示降临他之前，来了三位天仙。这时，圣人正在圣寺睡觉。第一位天仙问："穆罕默德是哪个？"第二位天仙道："他们当中最好的那个。"第三位天仙道："那把他们当中最好的带去升天吧！"这就是当天夜里发生的事。在另一个夜晚来临前，圣人再未看见他们。众天仙第二次来了，圣人在心里看见了他们。圣人眼睛虽合上了，但心未睡。众天仙对圣人一言不发，托起他便走。他被带至渗渗泉旁，天仙中的哲卜利勒将圣人从喉头一直豁到胸口，打开胸腔，哲卜利勒亲自用渗渗泉水洗净他的内脏，然后端来一只盛有伊玛尼和智慧的金盆。于是，圣人的喉头和胸腔的血管全被填满了。后来他们让圣人骑上飞马，被带至阿克萨清真寺。由此，哲卜利勒带他升上第一层天。哲卜利勒敲动一扇天门，里面的天仙喊道："你们是谁？"哲卜利勒道："是我。"天仙问："你身旁的是谁？"哲卜利勒道"是圣人穆罕默德。"天仙又问："他已被传召升天了吗？"哲卜利勒答："是的。"天仙道："我们欢迎他。"并为此而感到荣幸。真主意定于地面之事，在未向他们宣示前，他们是不会知道的。圣人在第一层天遇到了人祖。哲卜利勒对圣人说："这就是你的先祖，你快向他道安！"圣人向他道了安，人祖阿丹还道了平安，并说道："欢迎你，我的儿子，你是多好的儿子啊！"圣人在第一层天看见了两条奔流不息的大河。于是他问："哲卜利勒啊，这两条是什么河？"哲卜利勒道："它们是尼罗河和幼发拉底河的源头。"经由此处，他们来到了其上筑有由珍珠和宝石嵌成的宫殿的一条大河，手伸进河水，其气全为麝香之气。他又问道："哲卜利勒啊！这是什么呀？"哲卜利勒道："这就是真主留给你的天园之水。"然后，他们升上第二层天。众天仙像刚才那样问道："你是谁？"哲卜利勒道："是我。"众天仙道："你身旁的是谁？"哲卜利勒道："圣人穆罕默德。"众天仙："他已被传召升天了吗？"哲卜利勒答："是的。"他们

圣训

三〇五

圣训

道："我们欢迎他。"然后，他带圣人穆罕默德升上第三层天。众天仙询问了第一层、第二层天仙们曾问过的话。然后，同他升上第四层天。那里的天仙也询问了同样的话。然后，同他升上第五层天，那里的天仙也询问了同样的话。然后，同他升上第六层天，那里的天仙也询问了同样的话。然后，同他升上第七层天，那里的天仙也询问了同样的话。在每层天上都有圣人，哲卜利勒呼唤着他们的姓名。圣人说："我记得的有：依德里斯在第二层天，哈伦在第四层天，还有一位在第五层天，姓名我未记住。易卜拉欣在第六层天。穆撒因拥有同真主直接交谈的特殊条件而住在第七层天。穆撒说：'真主啊！原来我曾认为谁也升不到我的上面。'"然后，圣人被带至惟真主知道的高处及乐园。至高无上的真主临近圣人了。他希求再近点，及至近到与圣人之间只有眉毛与睫毛之距，或者比这还近。真主向圣人降示决意之事，这就是定教徒每昼夜礼五十番拜为天命。然后，圣人回降，来到穆撒处时，穆撒叫住他问道："穆罕默德啊！你的主向你嘱托了什么？"圣人答："真主嘱托我每昼夜礼五十番拜。"穆撒道："你的教徒完成不了它。回去求真主为你和你的教徒减轻点吧！"对此，圣人商询似地望着哲卜利勒，哲卜利勒道："你若愿意就那样吧！"于是，哲卜利勒把他带至真主跟前，圣人站在刚才那个地方说道："真主啊！祈你给我们减轻点，因为我的教徒完成不了它。"真主为此减轻了十番拜。然后他又回到穆撒处。圣人每次回来，穆撒都让他返回真主那里，最后五十番拜减至五番拜。这时，穆撒又叫住圣人圣说："穆罕默德啊！指真主发誓，我曾为我的门徒以色列人要求做得比它再少点，他们软弱无力，竟连这点也未完成。你的教徒身体、心、肢、眼、耳更虚弱，回去请求真主减得比我的还要轻些吧！"每一次，圣人都商询似地望着哲卜利勒，哲卜利勒均不表示厌烦。这次，哲卜利勒又把圣人带至真主身前。圣人道："真主啊！我教徒的身体、心、耳、眼确是很弱，请你再给我减轻点吧！"威严的真主道："穆罕默德在吗？"圣人答："我在。"安拉道："天命册所定拜功不变，对每一善行我赐十个善行的回赐，天命册上我定的是五十番拜，为你和你的教徒定为五番拜。"圣人回到穆撒身旁时，穆撒问："怎么定了？"圣人道："真主已经给我们减少了，对每一善行赐十个善行的回赐。"穆撒道：

"我曾为以色列人请求减得再少点,但他们也未做到,回去求你的真主再减轻点吧!"圣人道:"穆撒啊!指真主发誓,我已为多次去求真主而感惭愧了。"哲卜利勒对圣人道:"奉真主之名,你下去吧!"圣人醒来一看,原来他在圣寺里。

圣训

最后的篇章

论圣人礼拜的姿式和
扔掉路上的障碍物

圣
训

木罕买德·本·艾米尔·本·艾塔说："我同圣人的几位弟子闲坐时，谈到了他做礼拜的姿式。这时，艾布胡买德沙以提说，在你们当中，圣人的礼拜姿式我最清楚。我曾见他这样礼拜：诵念'安拉至大'时，双手举过两肩；鞠躬时，两个手掌抓两膝，并放平脊背；由鞠躬抬头时，端直而立，直至肋骨恢复原位；叩首时，臂肘不着地也不收缩，双脚的趾尖全对着朝向；在两拜或四拜的前两拜时坐在左脚上，竖起右脚；在末拜中默坐时，压左脚，竖起右脚，臀部置坐地上。"

阿布胡赖勒传，圣人说："扔掉路上的障碍物①算施舍。"

---

① 草刺或石头之类的东西。

三三一

论宵礼前睡觉不好，感赞词的益处及叩首时广张双臂

圣训

艾布拜尔宰说，圣人不喜欢宵礼前睡觉和宵礼后聊天。

阿布胡赖勒传，圣人说："当伊玛目念'真主听见了赞美他的赞词'时，你们当念'我们的养主啊！万赞惟归你'。因为，谁的这句话若与天仙的话相合，他以前的罪过即被勾销。"

阿布杜拉·本·布哈乃传，圣人礼拜叩首时，广张双臂，甚至他两腋下的白皮肤也露了出来。

论七个器官触地叩拜

伊本·阿巴斯传，圣人说："我曾令除额头外七个器官触地叩拜。"圣人随即指着鼻子、双手、双膝和脚趾尖，又说："我们不抚拢衣服，也不抚拢头发。"

论伊玛目应面向群众和
主麻日大净的益处

赛穆来·本·准杜甫说："礼拜结束后，圣人一直面向我们。"

艾布赛义德·胡得来传，圣人说："主麻日大净是每个成年人之需。"

论信仰的增加和去礼拜寺

真主说："我们增加了他们的信仰"，"真主添加信仰者的伊玛尼"。真主还说："今日我完善了你们的信仰。""谁若抛弃完整之物的一部分，那会美中不足。"

艾乃斯·本·马力克传，圣人说："谁心里有大麦粒般的善念，只信仰除安拉①外，别无他主，则他将免于火狱。谁心里有麦粒般大的善念②，只信仰除安拉外，别无他主，他也将免于火狱。谁心里有一丁点善念，只信仰除安拉外，别无他主，他也将免于火狱。"艾布·

阿布杜拉传自艾帕，艾帕又传自坎塔旦，坎塔旦传自艾乃斯，在艾乃斯传自圣人的传述里，本段圣训中"善念"一语曾传为"伊玛尼"。

阿布胡赖勒传，圣人说："谁若在早上或晚上去礼拜寺，在赴礼拜寺立站时，真主已在天园为他备就了席位。"

①同时信仰穆罕默德是真主的使者。

②此处所言善念，系指圣人穆罕默德倡导的一切事物。

论赠予富人的施舍、讲话的婴儿和诚实

阿布胡赖勒传，圣人说："有个人①决意施舍，但他却把施舍给了盗贼②。众人对此议论纷纭，对他道：'你怎把施舍给予窃贼了？'施舍者道："真主啊！我为向窃贼施舍而感赞你③，我定要施舍。'他又把施舍给了淫妇，众人对此议论纷纭，对他道："你怎把施舍给了淫妇？'他道："真主啊！我为向淫妇施舍而感赞你，我定要施舍。'他又把施舍给了一个富人，众人对此议论纷纭，对他道：'你怎把施

舍给了富人？'他道：'真主啊！我为向窃贼、淫妇、富人施舍而感赞你。'施舍者在夜梦里被告知：'因你向盗贼施舍，盗贼可能因此再不行窃；因你向淫妇施舍，她可能因此再不卖淫；因你向富人施舍④，他可能因此而醒悟并以真主赐予他的财富用于善行正道。'"

阿布胡赖勒曾听圣人讲："有一个女人正坐着给男婴喂奶，此时，有位骑牲口的人从她身旁经过。妇人说：'真主啊！在我的儿子未像这个人⑤之前，祈你勿召回他的生命。'婴儿随即讲道：'真主啊！祈你勿使我和他一样。'之后，她又继续喂奶。这时，人们拉着一个女人，嬉闹着从她身旁而过。坐着喂奶的妇女道：'真主啊！你切勿让我的儿子长成她那样的人。'婴儿随即说道：'真主啊！祈你让我同她一样！'至于乘骑牲畜的人，是异教徒；而那个女人，人们说她是淫妇。但她却说道：'惟真主至知我。'人们说她是贼，但她却说道：'惟真主至知我。'"⑥

阿布胡赖勒传，圣人说："有个人购买了另一个人的院子。买院子的人在院内找到了一罐金子。他对卖者说：'我买了你的院子，但并未买你的金子，你把金子拿走吧！'卖者道：'我把院子连同它的一切物件都卖给你了。'于是，他们来见一个人⑦，诉讼求判。那人问道：
'你们有子女吗？'其中一人说：'我有儿子。'
另一人说：'我有女儿。'那人道：'把姑娘嫁
给小伙子，婚事费用，你们就花用那罐金子，
剩余的都拿去施舍⑧吧！'"

圣训

①以色列人。

②因不知他是窃贼而给了他。

③向窃贼施舍并非我的本意，我为按你的意旨行
事而感赞你，你的意旨全善。除你外，那些带来不幸
者不值得赞颂。

④在以色列人的宗教里，施舍只能由急需的好人
承领。只要施舍者的意念是善和的，即使是未将施舍
散给应得之人，也是允许接受的。由此可知，若已施
舍给不应得到之人，那么可以另行施舍。以上只是对
施舍而言，至于宗教税，将它散给疑为穷人的富人是
不许可的。伊玛目卡阿布海尼派和伊玛目木汗买德认
为将宗教税施舍给以上之人也可以，但不需重复。

⑤指他的漂亮外貌。

⑥她未作贼。真主啊！请赐予我们同样的信仰。

⑦圣人达伍德。

⑧伊玛目沙裴依派认为，谁若出售土地，不包括
地下埋藏的珍贵物品，这如同一人出售有家俱的院落，

家俱应留给卖者一样。真主啊！祈你赐我们以满足，使我们成功地履行嘱托，祈你喜悦我们。

论死得其所和被处决时将礼两番拜作为圣行留下的人

阿布胡赖勒传，圣人派十个人去侦察敌情，辅士阿斯木·本·沙比提被任命为他们的指挥。他是阿斯木·本·乌买尔·本·海塔甫的祖父。当他们来到乌斯潘与麦加之间的海旦时，被胡宰勒部落中拜尼力黑扬族系的人发现。近百名射手驰马追捕他们，追捕者来到距穆斯林驻地尚有一段距离的地方，发现了他们吃过的蜜枣。他们说，这是麦地那蜜枣，遂沿着穆斯林脚迹跟踪前进。阿斯木同他的伙伴发现多神教徒在后面追赶。为了安全，他们登上一个高地。多神教徒包围了他们并喊道："你们下来投降吧！我们保证不杀一人。"阿斯木·本·沙比提道："弟兄们哪！我不会为异教徒的保证而下去。真主啊！快把我们的境遇传给你的使者吧！"于是，多神教徒向他们射击，杀死了阿斯木。侯拜甫、宰义德·本·旦斯乃和另一人①共三

圣训

人按多神教徒的保证从高地走了下来。他们落入多神教徒手中之后，多神教徒解下弓箭肋弦把他们捆了起来。此时，第三人道："看！这就是背信弃义之始。向真主发誓，我不同你们走，我要以死者为榜样。"多神教徒想拖走他，但他不愿意与他们一起走。侯拜甫同宰义德·本·旦斯乃被带走后卖掉了。这事发生在白德尔战役之后。海尔斯·本·艾米尔·本·奴派勒的儿子们购买了侯拜甫。侯拜甫在白德尔之役曾杀死了海尔斯·本·艾米尔。侯拜甫被出卖后，便成了他们的俘虏。最后，他们决定处死他。侯拜甫为履行圣行向海尔斯的一个女儿索借剃头刀，她把剃头刀借给了侯拜甫。海尔斯的女儿有个孩子，那孩子在其母未查觉时向侯拜甫走去，并被侯拜甫抱在怀里。那时，侯拜甫手里正拿着剃头刀。海尔斯的女儿说："目睹此状，我害怕极了。"侯拜甫查觉她的表情后说道："难道你怕我杀死你的孩子吗？我不会那样做的。"海尔斯的女儿说："向真主发誓：像侯拜甫这样的好俘虏，我还没有见过。有天，我见他脚上带着镣铐，正在吃手里拿着的一串葡萄②，在麦加是没有水果的，它一定是真主赐给侯拜甫的食物。"侯拜甫从禁止杀人的天房被带至郊外。在被杀前，他说："你们放开我，让我礼两番拜吧！"他们放开侯拜甫，他礼了两番拜，并说："向真主发誓，如果你们不认为我是怕死，那我会行站更多的礼拜。"然后他说："真主啊！你记住他们的人数！分别处死他们，切勿留下一人。"之后，他吟诗道：

> 为了信仰的真谛，
>
> 不论死于何刑我全不介意。
>
> 为了安拉，我笑离人间，
>
> 愿安拉为我肢解的身躯施以恩典。③

随后，艾布赛尔和乌克拜·本·海尔斯杀死了侯拜甫。侯拜甫为在没有自卫能力的状态下被处死的每个穆斯林留下了在被杀前礼拜履行圣行的楷模④。就在他们被杀害的当天，圣人即向门弟子传告了他们的信息。古来氏人在听到阿斯木·本·沙比提被杀的消息后，曾派一批人去割取他们的肢体以证实他是否被杀。阿斯木曾杀死过古来氏人中的一名大人物⑤。真主向阿斯木遣来遮天盖地的、犹如云彩般的马蜂，在古来氏人遣派来的人前保护⑥了他。因此，他们未能割取到阿斯木尸体的任何一部分。

①他是阿布杜拉·本·塔尔克。

②这是真主赐予侯拜甫的特恩，它就像列圣的奇迹，当系天仙的恩惠。

③这四句诗系侯拜甫临刑前所诵诗词的一部分。伊本·依沙克曾传述过它。诗词全文是：

> 成群结队，敌人倾巢出动，
>
> 前后左右，围得水泄不通。
>
> 强拉硬推，我被捆在木柱上，
>
> 男女老幼，拥挤在我的身旁。
>
> 满怀敌意，人群里吼音阵阵，
>
> 五花大绑，我静候死神来临。
>
> 安拉啊，我向你倾述我的不幸和劫难，
>
> 散发着血腥味的刑具横在我面前。
>
> 屠刀已经举起，我将被碎尸万段，
>
> 赐我耐力吧，安拉，坚定我的信念。
>
> 为了信仰的真谛，
>
> 不论死于何刑我全不介意。
>
> 为了安拉，我笑离人间
>
> 愿安拉为我肢解的身躯施以恩典。
>
> 他们诱我离经叛教，我宁为玉碎不为瓦全。
>
> 我决不掉泪一滴，因为泪已流尽，
>
> 我决不怕死，因为死亡就在眼前，
>
> 我只惧怕那熊熊燃烧的火狱烈焰。

圣训

在敌人面前，我决不求饶更不胆寒，

我坚定不移，安然回返安拉身边。

④圣人回应了和承认了侯拜甫的礼拜。

⑤他是马克拜·本·艾比木艾提，被杀于白德尔之役。

⑥因阿斯木曾发誓，他不撕割任何多神教徒的尸体，他的尸体也不让任何多神教徒撕割。真主实现了他的誓言，在敌人面前保护了他的尸体。

论卫特雷拜、祈雨拜、在主麻日听讲经和过夜

阿布杜拉传，圣人说："夜里，你们的末拜当为卫特雷拜。"

艾乃斯·本·马力克传，乌买尔·本·海塔甫曾说，天旱时，人们求圣叔阿巴斯·本·阿布杜拉·木塔里甫以祷告祈雨。他们说："真主啊！我们曾求我们的列圣以祷告祈雨，你降赐了甘雨。而今，我们求圣叔以祷告祈你降赐甘雨，你降赐我们甘雨吧！"果然，真主给他们降赐了甘雨。

阿布胡赖勒传，圣人说："主麻日天仙站在礼拜寺门口录记早来的人，第一个来的人，犹

如捐赠了肥壮的骆驼，其后来的人犹如捐赠了公羊，再后来的人犹如捐赠了母鸡，再后来的人犹如捐赠了鸡蛋。伊玛目讲经时，天仙合闭册本坐听讲经。"

乌巴旦·本·沙米提传，圣人说："谁若在过夜时念：'除安拉外，别无他主，独一无偶，王权属真主，万赞属真主，安拉全能于万物，一切赞美归安拉，我信安拉至洁。除安拉外，别无他主。真主至大，惟靠真主，万物才有力量。'尔后，再念：'真主啊！祈你饶恕我或让我向你祈祷。'则祈祷被纳受。如小净行礼拜，则其礼拜被接受。"

论迅速抬走盛尸床，亡人会听到活人讲的话，自杀者，人应为亡人讲好话

阿布胡赖勒传，圣人说："抬上盛尸床后，你们当快走。如若亡人是善良的仆人，你们会很快地抬着他见到善行的结果。如若他是卑劣的仆人，你们会从肩上迅速地把恶人扔下去。"

艾乃斯传，圣人说："当穆斯林仆人被放入坟坑，送葬的人回去时，亡人绝对能听见他们走

路的声音。那时，有二位天仙降临，并让他坐起来，然后问道：'关于圣人穆罕默德你能说点什么吗？'他答：'我作证，穆罕默德确是真主的仆人和他的使者。'天仙对他道：'你瞧瞧你在火狱中的位置，现刻真主已为你将它换为天园中的席位了。'于是，他望着火狱的位置和天园的席位。而异教徒和伪信士却这样地回答天仙的询问：'我不知道，人们怎样讲，我也那样说。'天仙道：'多想想吧，你自己不懂，难道连向别人求教也不知道吗！'然后，便用铁棍狠狠地抽向他的两耳之间。其呼叫的声音除魔鬼外，在近处的一切人都能听见。"

准杜甫传，圣人说："一个负伤的人自杀了，真主说：'我的仆人急于早死而自杀了，我禁止他进天园。'"

艾乃斯·本·马力克传，一盛尸床打从众人跟前经过，众人都说他好，圣人说："该当如此。"其后，又一盛尸床经过，众人都说他坏，圣人说："该当如此。"乌买尔·本·海塔甫问道："为什么要说该当如此呢？"圣人道："第一个盛尸床，你们称赞好，他应当进天园；第二个盛尸床，你们说他坏，他应当入火狱。你们就是真主在大地上的见证人。"

圣训

另一传述称，大贤欧麦尔·本·海塔甫在经遇类似情况时，众人曾问他"该当如此"的含义，大贤欧麦尔说：其含义，我看应是圣人的这句话。圣人的话是："穆斯林若为四人见证赞好，真主则许其进天园。"我们道："若为三人见证呢？"圣人说："若为三人见证，真主亦许他进天园。"我们问："如为二人见证呢？"圣人道："如为二人见证，真主也许他进天园。"在此之后，为一人见证该会怎样，我们就未再问了。

论朝觐时带足食物，高声诵念应召词和麦加与麦地那之贵

伊本·阿巴斯说，也门人去朝觐，未带足食物，他们说他们是仰赖真主的人。他们到麦加后便向人们索要东西。真主就此曾说："你们朝觐时要带足食物，为最后的旅行备好食物①系笃诚之举。"

阿布杜拉·本·乌买尔说，圣人曾这样念应召词："我永远为你祈祷，真主啊！我永远为你祈祷，我永远为你祈祷。你无伴偶，我永远为你祈祷，万赞和恩典归你，王权属你，你独

一无偶。"

赛义德的女儿阿依莎·赛义德讲，我曾听赛义德说，他曾听圣人讲："哄骗麦地那人的人将像盐在水中融化一样地消失。"

艾乃斯·本·马力克传，圣人说："除麦加和麦地那外，没有魔鬼不涉足的城市。在麦地那的每个空隙均立有保护它的成排的天仙。天仙三次严格地清理了麦地那人，真主驱走了在麦地那的每一个异教徒和逆徒。"

①这并非是对仰赖真主的贬责，也门人的做法是相互供养，常常以仰赖真主为理由，而不重视朝觐的准备。防备可能遭受的损失与仰赖真主并不矛盾，而是必要的。它同逃离正倒塌之墙，用水冲下和拔除卡在喉头的食物，及治病属同一道理。一些圣门弟子和归服者之所以放弃对病症的医治，也放是认为疾病的不治是真主所定之故。

论非天命拜①，在家所行的恰西卡拜、副功拜和赖麦旦月

辅士艾布坎塔旦传，圣人说："你们当中谁

若进寺，当先礼两拜然后就坐。"

阿布胡赖勒传，他说："我的朋友劝告我三件事，直至临终前我都未放弃。它们是：每月封斋三日，礼恰西卡拜②，礼毕卫特雷拜再就寝。"

纳裴·本·乌买尔传，圣人说："你们在家里也可以礼副功拜，切不要因不礼拜而使家里犹同墓地一般。"

阿布胡赖勒传，圣人说："进入赖麦旦月后，天门洞开，火狱大门关闭，魔鬼被拴捆。"

①非天命拜是在进寺时，为向清真寺道安问好而行的两番拜。——译注

②副功拜的一种，在上午九、十点钟进行。

论封斋者误食食物和撇斋去世之人

阿布胡赖勒传，圣人说："封斋的人若因疏忽而吃了或喝了什么，其斋不坏，可封下去。因为是真主让其吃喝的。"

阿依莎传，圣人说："谁若斋未封完去世，该有人承袭其斋。"哈桑说："如若有人未封一

个月之斋死去，则应有三十人为他封斋一日。"

伊本·阿巴斯传，有人前来向圣人："圣人啊！我母去世了，她欠斋一个月，我能替她还补吗？"圣人说："可以履行，交付对真主的欠债最为应当。"

论早开斋和主麻日封斋

赛黑勒·本·赛义德传，圣人说："众人须知，谁若早开斋，那也是按我的教行行事。"

阿布胡赖勒传，我曾听圣人讲："谁若在主麻日封斋，他应将以前或以后的一天合在一起封。

论买者与卖者应度量买卖，金与金交易，鲜枣与干枣交易

米克达木·本·买艾提坎尔甫传，圣人说："在你们出售食物之类的物品时，当度量出售，那当会有好处。"圣人说："如要买够分量你们当度量购买。"

大贤奥斯曼传，圣人说："你若卖，当度量而售；你若买，当度量而购。"

阿布杜拉·本·乌买尔传，圣人说："谁若已购买一些食品，在未拿到手之前，不得向第二人出售。"

阿布·伯克尔传，圣人说："你们勿以金易金，但价值相同则可成交；你们勿以银易银，但价值相同则可成交；金易银和银易金，你们愿怎样交易均可。"

伊本·乌买尔传，圣人说："树上的果子不能获利前，你们不要预购。你们勿以枝头的鲜枣去换取干枣。"

论使用售狗的钱，雇佣可靠的人，对子女要公平和聘礼条件

辅士艾布·买斯伍德传来，圣人禁止使用卖狗得来的钱，来自淫妇的钱和占卜者的收入。

艾布母撒·艾西艾尔传，圣人说："令其给什么就爽快地给什么的库房管事与施舍者相等。"

伊本·阿巴斯传，圣人派阿穆日去也门时

曾说:"你要避开受压者的祈祷,因其祈祷不是他与真主之间的屏障。"

胡赛音艾米尔传,他曾听到奴恩曼站在宣礼台上讲:"我父亲从其财产中给了我一分。乃瓦海之女、我的母亲艾米兰说:'当圣人未为此作见证之前,我是不会同意的。'于是我父亲来找使者,并说:'我给我的儿子——乃瓦海之女艾米兰所生之子送了一份财产。使者啊!艾米兰要我为此事请你作证。'使者道:'你对所有的子女都给了同样的财物吗?'我父亲说:'没有。'使者道:你们须敬畏真主,对子女你们要公平。'于是,我父亲回来收回了赠赐。"

乌克班·本·阿米尔传,圣人说:"你们讨娶女人时,完成你们承担的条件最为应当。"

论宗教基金的条件,管理者的经营和封斋者将从冉依羊门进入天园

伊本·乌买尔传,乌买尔·本·海塔甫在海白尔有一块地。他特来见圣人,商询怎样处理这块地。他说:"使者啊!在海白尔我得到了一块地,我还从未得到过比它贵重之物,怎样

办才好，你来决定吧！"使者道："你如果愿意，可将它捐作宗教基金。"于是，乌买尔在不出售，不作为礼品送人，不让人继承它，其收入用于穷人、近亲、释放奴隶和用于那些为了真主之道，虽有财产，但无法享用而处于贫困的人，及招待客人等条件下将它捐作了宗教基金。另外，宗教基金管理人为正常使用而使用它，一无所有者使用它亦无罪，当允许。

伊本·艾甫说，当我向伊本·斯仁谈到本段圣训时，他传述道："所谓一无所有的人是指未聚集钱财的人。"

辅士汗乌兰说，我曾听圣人讲："经营穆斯林产业不当的人，真主在后世会将他抛进火狱。"

赛黑勒·本·赛义德传，圣人说："天园有八座门，冉依羊门便是其中之一，只有封过斋的人才能进这座门。"

论忏悔和作战时禁杀妇女

艾布赛义德·胡得来传，圣人说："以色列人中有个人，他先后杀了九十九人，后来为寻求忏悔而外出。他找到修道士，问道：'我若忏悔，能被接受吗?'修道士答：'不行。'结果修道士也被他杀了。过后他又继续问人：'我若忏悔，能被接受吗?'有个人告诉他，你可到某地、某村去问。此时，他寿限已到，在向村里张望时，终于倒下去死掉了。对此，施恩天仙与刑惩天仙发生了争论。真主向施恩天仙降示：'你当接近他。'向刑惩天仙降示：'你该远避他。'同时命令量出他们之间的距离。他们一量，于是发现施恩天仙离他只有一掌之距，因而真主饶恕了他。"

纳裴·本·乌买尔传，伊本·乌买尔讲：圣人在一次战役中发现了被杀死的一名女人，因此，圣人禁止杀戮妇女和小孩。

论圣人的姓名

主派尔·本·木提依由其父传来，其父说，我曾听圣人讲："我穆罕默德，是毁灭者，真主经由我毁灭异教徒；我是末日的第一个复生者，真主让众人在我之后复生；我是最后的圣人。"

论请赴喜筵，放血治病和咽喉痛

圣训

阿布胡赖勒传，请富人而不请穷人的筵席食品是最坏的食品。谁若受邀而无故不赴宴请之处，则他在真主和他的使者面前将有罪。

艾乃斯说，有人曾就放血者报酬之事问他，艾乃斯道，圣人曾让艾布坦派放血，并为他放血付予报酬四捧蜜枣，又让艾布坦派的主人减轻他的赋税。因此，艾布坦派的主人减轻了他的赋税。圣人说："在你们的疗法中放血和施用沉香是最佳疗法。"他还说："如果你们的孩子咽喉痛，切勿用指头触摸，你们可用沉香治疗。"

米黑散的女儿乌木米坎色传来，她是最早归服使者的迁士乌嘎先·本·米黑散的姐姐。她曾对乌嘎先说，我领着正用伊兰克法①治疗咽喉发炎的儿子去使者那里，使者说："你们还采用用令人遭罪的伊兰克布去刺触孩子咽喉吗？疗治它，你们可用沉香，因为沉香可治疗胸膜炎和气管炎等七种疾病。"

①伊兰克为质地结实的棉布，将它塞进孩子的鼻

孔，刺触患处，此处即会流出乌血，再用指头伸向孩子的喉头，压迫患处。

论双腿交叉和在家里应做什么

阿巴德·本·坦木从其叔父处传来，他说，他曾见圣人在寺内双腿交叉侧卧休息。

易卜拉欣·艾西瓦德传，他说，我曾问阿依莎，圣人在家干什么？阿依莎道："圣人在家时操劳家务，若礼拜时刻到，便去做礼拜。"

论吹捧人和末日征兆

阿布杜拉合曼·本·艾布拜格乃传自其父，他说，人们在圣人跟前谈及一人时，有人便夸赞他。因此，圣人对那人道："你真可怜，你毁掉了你夸赞的人①。"并数次重复此语："你们不夸赞某人如若不行，依我之见，他应当说：我认为某某如何如何，如果确实那样的话。真主深知人们的行为，并按其施惩，人切勿在真主之前为任何人辩白。"据吾海甫说，在哈力达的传述中，"你真可怜"一语曾又传为"你真可恨"。

艾乃斯说，我曾从圣人那里听到这样一段训示，除我之外，谁也不知道它。圣人曾说："愚昧泛滥、知识衰竭、淫乱陡增、酗酒成风，男人减少，女人增多，以至五十个女人归属一个男人，这就是末日的征兆。"

①你的朋友之意。——译注

论入睡前和醒来后的祈祷及
为圣人祝福的内容

胡宰潘说，圣人入睡时念："真主啊！我念着你的名字而死，我念着你的名字而生。"醒来后念："万赞归让我们死而复生的真主，真主在末日使我们复生。"

阿布杜拉合曼·本·艾比兰依拉说，坎甫·本·乌曲乃与我相逢，他说，我送件礼物给你。有天圣人来到我们跟前，我们对他道："使者啊！我们学会了向你道色俩木，但是应怎样为你祝福呢？"圣人对我们说："你们念这

样的祝福词：真主啊！祈你赐福于穆罕默德和
他的亲族，犹如你赐福于易卜拉欣的亲族那样！
你确宜受赞美，你是至大的。真主啊！祈你赐
福于穆罕默德和他的亲族，犹如你赐福于易卜
拉欣的亲族那样，你确宜受赞美，你是至
大的。"

论夜里醒来时应作的祈祷

伊本·阿巴斯说，有天，我躺在买木来的身
旁，圣人起床解便，接着洗脸洗双手，然后入
睡。此后，他起来到皮袋跟前解开袋口，节俭用
水做完小净，随即礼拜。为使圣人不因我窥视他
而不悦意，我也跟着小净，跟随圣人礼拜。我站
在他的左边，他拧住我的耳朵，让我站在右边。
圣人礼完十三番拜，又躺下酣睡了，他安静地睡
着了。比拉勒的宣礼声使他醒来，使者不小净，
即以先前的小净立拜。圣人在祈祷中念："真主
啊！祈你赐我心灵光芒，赐我眼睛光芒，赐我耳
朵光芒，赐我右面光芒，赐我左面光芒，赐我头
顶光芒，赐我足下光芒，赐我眼前光芒，赐我后
面光芒，祈你赐我光芒！"

圣训

三三五

论亡人被放入墓穴后与他一起留下之物和返回之物，并论祭典和贪图执政

圣训

艾乃斯·马力克传，圣人说："埋葬亡人时，有三物与他同行，其中有二物返回，一物与他一起留下。他的近亲、财物和行为与他同行。入葬后，其近亲、财物返回，行为则与他一起留下。"

赛义德·本·海尔斯传，伊本·乌买尔曾对我说，祭典不是已被你们禁戒了么？须知，圣人确曾讲过："祭典不可能促进和推迟命定之事。惟经祭典才能搜集到吝啬鬼的东西。"

阿布胡赖勒传，圣人说："你们贪图执政了，在后世之日，你们会为掌权而备尝苦头。当官掌权之初是多好，而其后果结局又是多坏！"

论两面派的卑劣和真主同赞美他的人在一起

阿布胡赖勒传，他曾听圣人讲："对一些人

是一副面孔，对另一些人又是另一副面孔的两面派，是人中最卑劣的人。"

阿布胡赖勒传，圣人说："真主讲：'我的仆人不论身在何处，只要开口赞念我，我便与他同在一起。'"

论信仰的甜头，彻底小净 和入厕时的祈祷

艾乃斯传，圣人说："谁若能具备这三种东西，他便会获得伊玛尼的甜头。它们是：爱真主和他的使者重于一切，惟为真主之道才与仆人结友，因真主的恩典得救于叛逆行径后，厌恶重新叛逆，犹如厌恶被投掷烈火。"

乌买尔·本·海塔甫的儿子阿布杜拉说："彻底小净，就是洗净各个器官。"

阿布杜拉·艾则孜·本·苏海布说：我曾听艾乃斯讲，圣人上厕所时念："真主啊！我确实祈求你在公母魔鬼的歹意上护佑我。"

圣训

三七三

论视他人为重和小净的益处

阿布胡赖勒传，有个人来见圣人，圣人派人去妻子那里安排招待事宜。她们说："我们这里除水之外，别无他物。"于是，圣人问门弟子："这个人你们谁来招待？"一辅士道："我来招待。"他遂将这个人领到家里。他对妻子说："你快来招待使者的客人吧！"其妻道："家里除孩子的粗粮烤饼外，再无其他食物了。"他对妻子说："你准备饭食，点亮灯，晚饭时先哄孩子睡。"于是妻子备好了饭，点亮了灯，让孩子们睡了觉。然后，她起来好像要去拨灯，而有意将灯弄灭了，夫妻二人让客人以为他俩正在同自己一起吃饭，实际上他俩饿着肚子睡了觉。早晨，他来见圣人，圣人道："真主确为你们夜里的行为甜笑了和惊叹了。"安拉遂为他们降下这节启示："虽然他们自身需要，却视他人为重。凡是心不吝啬的人，均是胜利者。"（59：9）

阿布胡赖勒传，圣人晨礼时，对比拉勒说："比拉勒啊！你给我讲讲，你归信伊斯兰教以来，你最富希望的行为是什么？因为夜里我在天园听见了你走路的声音。"比拉勒道："我没有什么富有希望的善行，不论在夜里或白昼的什么时候，只要我小净完，便去立站真主委付于我的礼拜。"

论礼拜时母亲召唤儿子和妇女跟随盛尸床

阿布胡赖勒传，圣人说："有位女人召唤正在赛夫买艾[①]做礼拜的儿子朱乃奇。朱乃奇道：'真主啊！我回答母亲呢，还是继续我的礼拜呢？'正在这时，其母又召唤朱乃奇。朱乃奇道：'真主啊！我回答母亲呢，还是继续我的礼拜呢？'其母再次召唤朱乃奇。朱乃奇道：'真主啊！我回答母亲呢，还是继续我的礼拜呢？'其母道：'真主啊！切勿让朱乃奇在与淫妇相见之前死去。'在赛夫买艾住着一位牧羊女人，她生了个孩子。有些人曾问她：'谁是孩子的父亲？'她说：'是从赛夫买艾降临的朱乃奇使我怀了孕。'朱乃奇道：'怀疑因我得子的女人在吗？'并向婴儿问道：'巴布斯[②]啊！

你的父亲是谁?'婴孩答道:'我父亲是放羊的牧人。'"③

乌米艾提耶说:"我们(指妇女——译注)被限制跟随盛尸床,但这种禁止不属不义之定。"

①山或高地,为修道士、隐居者的住处。

②巴布斯为小孩或正在吃奶的孩子之意,或者就是这个孩子自己的名字。

③在此,礼拜之需和母亲之需发生了矛盾。但礼拜之需占了主位。这是应当的,其母的需求也并非不对。由于他放弃了对母亲的协助,因此他母亲的祈求已被纳受,朱乃奇重视礼拜,所以他当会有好的结果。

论在市场上叫卖之卑劣和 使者在《旧约》的形象

艾塔·本·耶沙尔说,我与阿布杜拉·本·艾米尔·本·阿斯相逢,当要求他给我讲讲使者在《旧约》里的形象时,他道:"行,向真主发誓,使者在《旧约》里一定是用《古兰经》的一些形象来刻画的。他在《旧约》里的形象是:圣人啊!我确差你为见证者、预示者、报警者和

圣训

阿拉伯人的堡垒，你是我的仆人和使者。我差你为代表。你品质高尚，毫不专横，你不是市场上的叫卖者。你不以歹对歹，宽宏大量，厚道宽恕。在你未以除安拉外，别无他主的信仰来打开背道民众的看不见正道的眼睛，听不见正道的耳朵，不醒悟的心灵之前，真主不召回你的灵魂。"

论禁止收取公畜配种费

伊本·乌买尔说："圣人禁止收取公畜配种费。"①

①以公畜配种是不允许的，因为无法规定也确定不了公畜精液的价值，也输出不了它。同时，在最确切的传述中，也认为租用公畜也是不行的。母畜主人以馈赠的形式向公畜主人送一些物品属可行。因为克拉甫部落有人曾向圣人问及此事，当人说"使者啊！我们已为使用自己的公畜配种而受到了尊待"时，使者曾表示赞许。

论应避开人大净，抚养孤儿的人
和天仙录记礼主麻的人

圣
训

伊本·阿巴斯传自买木乃，买木乃说："圣人大净时，我立在他的前面，为他遮蔽。圣人先净两手，然后右手倒水用左手洗生殖器官和不洁净的地方，再用手摸墙或地面，然后像正式礼拜前小净那样小净，不洗足。尔后向身上倒水，最后走到一旁洗脚。"

赛黑勒·本·赛义德传，圣人说："我同抚养孤儿的人在天堂里是如此之近。"随即伸食指与中指示意。

阿布胡赖勒传，圣人说：在主麻日，谁在房事后做完大净而在主麻初时入寺，犹如他捐赠了一头骆驼；谁在一时去，犹如他捐赠了一头牛；谁在二时去，犹如他捐赠了一只大尾羊；谁四时去，犹如他捐赠了一只母鸡；谁五时去，犹如他捐赠了一枚鸡蛋。伊玛目讲经时，天仙也在那里倾听。"

论夜间礼拜和经文"你们勿以示惠
与埋怨来败坏你们的施舍"

阿布杜拉·本·乌买尔说:"圣人在世时人们做了什么梦都要讲给圣人听,我也盼望做个梦给圣人讲讲。那时,我还是个年轻娃娃。在使者时代,我常在寺里睡觉,有次,我梦见来了两位天仙把我带向火狱。我睁眼看去,火狱像水井那样立起来了。火狱有两岸,我认出了站立在那里的人。于是我开始祈求真主从火狱上护佑我。我遇见了第二位天仙,他说:你不用害怕。这个梦,我告诉了哈皮山,哈皮山又将它告诉了圣人。圣人道:'阿布杜拉啊!在夜里礼拜的人该是多好的人啊!'"自此之后,阿布杜拉·本·乌买尔在夜里就睡得少了。①

真主说:"众归信的人啊!你们勿以示惠和埋怨来败坏你们的施舍。你们如果那样,你们就会成为使用财物为让人看和不信真主与末日的人。这种人犹如带土的光滑石头,雨水降下冲走泥土又使它呈现出光滑石头的原样。炫耀者的施舍任何好处也得不到,真主不引导悖逆

圣训

三四三

的人们。"② （2：264）

①以上圣训指出，夜里礼拜会使人从火狱得到解放和夜里多睡不好，多睡会使人在末日穷困。

②为示惠和发难之故而被勾销了施济的人，表面看来好像是为真主的喜悦而施舍，实质上却是为了获取人们夸赞、荣誉和好名声。他如同为炫耀于人才施用钱财的人。毫无疑问，专为让人看而施济者的施舍较示惠的人为坏。因此，真主对那些为炫耀而行的施舍，比为降以暴雨，完全冲掉石头上的泥土使它变成光滑的石头一样。因此，炫耀者的行为将同石头上的泥土一样被冲掉，末日，在真主面前，其所行施舍不会得到任何回赐。

论明明有钱却拖延欠债不及时偿还，论饱食感赞者、饥饿忍耐者

阿布胡赖勒传，圣人说："拖延对富人的债务是诈骗行径。"①

阿布胡赖勒传，圣人说："感赞温饱者的品位同忍饥耐饿封斋者的品位相同。"②

①本有能力偿还欠债的富人，不及时偿还且拖延是不义的，但偿还能力不足的穷人不在其内。

②在《米西卡提》一书的注释中说："伊玛尼有两类：一类是忍耐，一类是感赞。领受真主的福禄，从中施舍，身心倾爱真主，且用语言来表述它的感赞者可获忍耐者的品位。"

诗

为了至慈的真主我愿心清欲绝，

善行纵是镣铐我也引颈自缚。

忍耐者向降福赐禄的真主顶礼膜拜，

感赞者以施舍和赞美报答主恩之厚博。

论蜂蜜治病，中邪属真，病不传染和逃避麻风病

艾布赛义德·胡得来传，有人来见圣人，他说："我弟弟泻肚了。"圣人对他说："你给他喂蜂蜜。"在给其弟喂蜂蜜后，他对圣人说道："给我弟弟喂蜂蜜后，拉得更厉害了。"圣人道："真主之语属真①，你弟弟肚疼是假。"②

阿布胡赖勒传，圣人说："中邪是真的。"③

阿布胡赖勒传，圣人说："在伊斯兰教，没

有疾病会传染的信念，乌鸦的飞翔④无凶兆，猫头鹰⑤无凶兆，色法尔月无凶兆。逃避麻风病应同逃避老虎一样。"

阿布胡赖勒传，圣人说："如果我有吴侯德山似的金子，除留下我还债的以外，只要我能找到要它的人，我当然愿意在三天以内一个第纳尔也不留下，统统给掉。"

① 因为真主说"蜂蜜可以治病"。

② 因腐败物质在他胃里膨胀故而肚痛。圣人为让他泻出来，曾反复让他喝蜂蜜，他反复食用蜂蜜后，病终于好了。

③ "中邪"为实际上存在之物。伊玛目穆斯林在传述这段圣训时曾补充道："如果存在着败坏命运之物，那它一定是中邪了。"本段圣训会使人忆及到中邪后会迅速波及人体的情状。艾乃斯在他所传的一段圣训中曾说："谁若见到什么而感惊奇，如说'这是真主的旨意，惟真主是襄助者'，则该物不会使他中邪。"

④ 蒙昧时代的阿拉伯人视乌鸦由左向右和由右向左飞翔是不祥之兆。圣人在本段圣训里说，人们不会因它们而召致任何利害。

⑤ 蒙昧时代的阿拉伯人相信死者骨骼会变成飞翔的猫头鹰去找仇人报仇。蒙昧时代的阿拉伯人怀疑色

圣训

法尔月是一切不幸丛生的月份。——译注

论勿背后议论，要公正，宽恕受压迫者，及从圣人言词中精选的祈祷词和倡行经常的祈祷礼拜

真主说："你们勿在背后彼此议论①，难道你们喜吃同胞的尸体吗！你们是不喜的，你们应敬畏真主，真主喜爱忏悔者，真主是至慈的。"（49：12）

真主说："的确，真主命人公道②，为善③周济亲属，禁止作恶、非理与叛逆。他劝你们希望你们接受真主的劝告。"（16：90）

真主说："你们若明里或暗里做了一桩好事或是你宽恕了一件丑行，你们就会具有真主的品德，真主有能力却以饶恕④相待。"（4：149）

真主说："恶的还报是同它一样的恶。谁恕过与改正，他的报酬即由真主负担，真主不喜压迫者，受压迫后采取报复的人是无可惩罚的，可惩罚的只是迫害众人，对众人背义无理的人，在地上行恶的人，他们应遭受严刑。忍耐伤害

圣训

三四七

与虽有力但不报复压迫者，这才是伟大的行为。"⑤（42：40—43）

真主说："你们切勿望安拉使你们一部分优于一部分，男子们可得其应得份额，女子们可得其应得份额。你们当向真主求特恩，真主实是深知万事的。"（4：32）

真主说："你们的养主说：你们呼求我吧！我回应你们。"（40：60）

真主说："你们当谦虚地暗中呼求自己的主。安拉确实不喜欢过分的人。"（7：55）

真主说："穆罕默德啊！我的仆人向你问起我的时候，你说：我确实是接近他们的，当他求我的时候，我会答应祈求者的祈求……"（27：186）

真主说："当痛苦的人呼求的时候，谁能回应他的祈求和释去灾难……"（27：62）

真主啊！祈你饶恕圣人珍贵训示的抄播者和祈祷词的抄录者，你的不值一提的无能仆人穆斯塔发·本·穆罕默德艾玛热吧！让他与你的优良仆人和穆斯林一起进入你的恩典领域，祈你回应我的祈祷！

真主啊！我是你的软弱无能的仆人，祈你

圣训

三四八

使我成功地行善，成功地得到你的喜悦和你的恩赐！祈你使我结局幸福美满，襄助我对你的祈祷，让我见到你的崇高形象。凭你的教诲，完全为了你，我才从传播使者训示和弘扬宗教的目的而大公无私地从事了这一事业。你添增我和穆斯林的学识吧！赞你洁净，我们只知你谕示的事物，你确是深知万事的。

本书于伊斯兰教历 1340 年热吉甫月⑦七日完稿。为祈安拉的特恩，我在此又录写了同以上祈祷词一致的至高无上的经文。紧接经文之后，我又从《热亚主沙利黑》、《优良者的园地》两书中摘录了一至十七段祈祷词。

①伊斯兰学者一致认为，背后议论是绝对禁止的行为。这就是，在背后讲未干明显坏事的穆斯林的坏话。挤眼睛，或写或暗示均同讲坏话一样。

②不欺侮人和将当事人的份额交还本人。

③对人行善，圆满完成宗教的和今世事务的责任。

④真主虽有报复之力，但却饶恕了你们，你们这样做就更为应该了。这就是提倡原谅那些被欺压者的原因。

⑤传说里讲：在哈桑（祈真主恩赐他）身旁，有个人辱骂另一人，被骂者忍气吞声，流汗不已，坐在

那里擦汗。然后，他诵读了本段经文。哈桑说："愚昧无知的人虽未恪守这段经文，但这个人却已领会了和知道了它的含义。"但是，有时事情又恰恰与此相反，这就是不恕谅为好，也就是在必须制止暴行的泛滥和根除压迫因素时应当这样。

⑥叫喊着祈求，索要不恰当和不可能有的东西或要求赞助其罪恶行径均属越轨行为。——译注

⑦热吉甫为伊斯兰教历 7 月。——译注

祈 祷 词

奴恩曼·本·拜西尔传，圣人说："祈祷本身就是一种礼拜。"（本段传自艾布·达伍德和提尔米孜）

（一）艾奈斯传，圣人念得最多的祈祷词是："我们的养主安拉，祈你在今世赐福于我们，在后世也赐福于我们，祈你使我们免于火狱的刑惩。"（本段传自布哈里与穆斯林）

（二）艾米尔·本·阿斯传，圣人曾念："灵的更换者真主啊！祈你把我们的心变成对你的崇拜。"（本段传自穆斯林）

（三）阿布胡赖勒传来，圣人曾念："在困难时，逢遇不幸时，面临灾难和与敌人遭遇时，你们当求真主护佑。"（本段传自布哈里和穆斯林）

（四）艾里传，他说，圣人曾要我念："真主啊！祈你使我走上正道和成为好人。"（在另一传述中是："真主啊！我向你求正道和真谛。"）（本段为穆斯林传）

（五）阿依莎传，圣人祈祷时念："真主

啊！我祈你在已往行为的丑恶上和未成为丑恶的行为上护佑我。"（本段传自穆斯林）

（六）宰义德·本·艾尔坎木传，圣人曾念："真主啊！我求你在软弱、懒惰、吝啬、衰老和坟坑刑惩上保护我。真主啊！你让我品性高尚你洁净他，惟你能洁净他。你是他的保护者和他的主人。真主啊！我祈求你在无益的学识上不归服的心灵上，贪得无厌的欲求上，无回应的祈祷上护佑我。"（本段传自穆斯林）

（七）阿依莎传，圣人以这些话作祈祷："真主啊！我求你在火狱的厄运、火狱的刑惩富贵与贫穷的丑恶上护佑我。"（本段传自艾布·达伍德和提尔米孜）

（八）孜亚德，本·艾拉坎从其叔父库提拜本·马力克处传来，圣人曾念："真主啊！我求你在卑劣品行上、恶行上和不良欲求上护佑我。"（本段传自提尔米孜）

（九）艾乃斯传，圣人曾念："真主啊！我祈你在白癫疯、精神病、麻风病和一切恶症上护佑我。"（本段传自艾布·达伍德）

（十）阿布胡赖勒传来，圣人曾念："真主啊！我求你在饥饿上护佑我，饥饿是多么的坏啊！我求你在背叛上护佑我，背叛是多么的丑

恶啊！"（本段传自艾布·达伍德）

（十一）依木拉·本·胡赛音传，圣人在依木拉父亲胡赛音作祈祷时曾教了他这样两句话："真主啊！我求你把坚持正道嵌在我的心里，求你使我的欲望免于丑恶。"（本段传自提尔米孜）

（十二）艾布勒派孜勒·阿巴斯·本·阿布杜拉勒穆塔里甫传，他讲，我曾求使者教我一些向真主祈求之词。使者道："你们向真主求平安。"过了几天，我又去说道："使者啊！求你教我一些向真主祈求之词吧！"使者道："阿巴斯啊！使者的叔叔啊！你们向真主求今世与后世的平安吧！"（本段传自提尔米孜）

（十三）夏依尔·本·海吾先卜传，当她问乌木米赛乃曼"穆民之母啊！你在他跟前时，使者常做的祈祷是什么"之时，乌木米赛乃曼回答说，圣人经常念的祈祷词是："心灵的更换者真主啊！求你让我的心一直立在你的宗教上。"（本段传自提米尔孜）

（十四）艾布·旦尔达传，圣人说："这是圣人达伍德常念的祈祷词：真主啊！我祈求你的喜爱和与你结下喜爱的人们的喜爱，我祈求你赐我能得到你喜爱的功行。真主啊！祈你喜爱我比我对我自己对我的亲人和对冰水还亲

切!"（本段传自提米尔孜）

（十五）艾乃斯传，圣人说："你们应从念诵威严的和至尊的真主之词开始你们的祈祷。"（此段由提尔米孜传来）

（十六）艾布乌玛买传，她说，圣人做了许多祈祷，但我们什么也未记住。于是，我们便说："使者啊！你做了很多祈祷，怎奈我们什么也未记住。"使者道："让我教给你们一个概括一切含义的祈祷词吧！你念：'真主啊！祈你将你的使者穆罕默德圣人向你祈求之物中最好的赐予我，祈你在你的使者穆罕默德圣人求你护佑之事中的歹情上护佑我，祈你襄助，任何举措、能力，均来自真主。'"（本段传自提尔米孜）

（十七）伊本·买斯伍德传，圣人曾祈祷："真主啊！求你赐我能获取你的恩典之物，赐我获取你的饶恕之物。祈你使我在每一罪过上清白无辜，在每一善行上得到恩惠，使我进入天园，免于火狱。"（本段传自哈肯）

真主啊！祈你日以继夜地恩赐我们的领导人穆罕默德和他的家属，赐他们平安①。

（十八）阿布胡赖勒传，圣人曾念："真主啊！求你在不团结、叛逆和无德上护佑我。"

（十九）西提尔本·先克勒由其父处传来，

圣人曾念："真主啊！求你在我耳朵之歹上、眼睛之歹上、舌头之歹上、心灵之歹上和性器官之歹上护佑我。"

（二十）依木拉·本·胡赛音传，圣人曾念："真主啊！求你把坚持正道嵌在我的心里，求你护佑我，在我的欲求上免除罪过。"

（二十一）阿里传，圣人曾念："真主啊！经你的悦意在你的盛怒上求你护佑，凭着你的保护在你的刑惩上求你护佑，求你在火狱上护佑我，我对你的赞美远不及你对你自己的赞美。"

（二十二）阿布杜拉·本·乌买尔传，圣人曾念："真主啊！求你在你所赐福禄的停供上，我身体健康的变化上，你的突然刑惩和你的一切盛怒上护佑我。"

（二十三）阿布胡赖勒传，圣人曾念："真主啊！让我得益于你所示意之物，求你向我降示有益之物和增加我的知识。不论在任何时日我都感赞真主，在火狱的境遇上，我求真主护佑。"

（二十四）艾布马力克传，圣人说："真主啊！求你饶恕我，祈你恩赐我，使我走上正道，让我健康和使我获得食禄。"

圣训

三五五

阿布胡赖勒传，圣人曾念："真主啊！求你恕我之罪，加大我的院落房舍，赐我丰富的食禄。"

（二十六）阿里传，圣人曾念："真主啊！求你许我凭着你的赐许使我免于不义行径，求你许我凭着你的特赐让我免于你所戒禁的行为。"

（二十七）阿布杜拉·本·买斯伍德传，圣人曾念："真主啊！求你指引我走上正道，使我有学识，使我免于不义和使我发财致富。"

（二十八）乌买尔传，圣人曾念："真主啊！求你添增赐予我们之物，且勿减少，求你使我们获得尊严，求你勿贬低我们，求你恩赐我们勿剥夺我们，求你使我们居上，勿使我们在下，求你满足我们和喜悦我们。"

（二十九）阿布胡赖勒传，圣人曾念："真主啊！你向我们索要惟在你的襄助下方能得到的东西。真主啊，求你从中赐我们让你喜悦之物。真主啊！求你在阻拦我们向你造罪上，赐我们敬畏，求你委以我们进天园的功行，求你赐我们忍耐现世痛苦的信心，假如你保全我们的生命，则求你让我们享用我们的耳朵、我们的眼睛、我们的力量，求你在我们有生之年勿让我们丧失这一信念，求你让我们向压迫者报仇，求你在抗击敌人中襄助我们。求你勿使我们可能面临的痛苦横降于我们的教门之上，求你勿将今世作为我们最大忧虑的和知识的界限，求你勿因我们的罪过而使不敬畏你的不会厚待我们的人降临于我们。"

（三十）阿布胡赖勒传，圣人曾念："真主啊！求你整肃我事业的保护者——我的宗教，求你改善我生活的今世，求你整备我复生之处的后世，求你在好事中延长我的寿限，求你在恶事中让我早日死去。"

（三十一）阿依莎传，圣人曾念："真主啊！求你饶恕我，求你宽恩我，求你在后世让我和天仙、列圣、贤哲、殉教者和优良的仆人们同在一起。"

（三十二）布那旦传，圣人曾念："真主啊！求你使我成为感赞者，求你使我成为忍耐者，求你让我对我自己示以渺小，对众人示以高大。"

（三十三）阿布胡赖勒传，圣人曾念："真主啊！以你的名字向你请求，除你外别无他主，真主独一，一切均靠真主，真主无子孙、无父母，任何人都不能与他相匹敌。"

圣训

（三十四）阿布胡赖勒传，圣人曾念："主啊！求你在今世和后世赐我平安。"

阿依莎传，圣人曾念："真主啊！你是宽恕的、宽恩的，你喜愿宽恕，你饶恕我吧！"

（三十五）阿布胡赖勒传，圣人曾念："真主啊！求你使我的身体健康，求你使我的眼睛健在，求你使我的眼睛在去世前完好无损。除仁慈特恩的、独一的真主外，别无他主。我至洁伟大宝座的主宰真主完美无缺。"

"一切赞颂惟归宇宙的养主安拉。"②

于此，我停下游动之笔，祈真主恕我欠妥之处。我从始至终，感赞真主，祈真主赐至圣穆罕默德、他的家属和圣门弟子以恩典与平安。

①本祝福词为一些哲贤所编。

②第十八段至第三十五段祈祷词摘自于列圣传谕的各种书籍。

伊玛目布哈里传略

伊玛目^①布哈里，名艾布·阿布杜拉·本·伊斯玛仪·本·依卜拉欣·本·穆额勒·本·拜尔旦孜本·拜孜目比。伊玛目布哈里的曾祖父穆额勒在著名人士耶马尼·祖裴门下成为伊斯兰教徒，所以，伊玛目布哈里为表示对他的景仰，他又被称之为祖裴。他出生于布哈拉，故称为布哈里。伊玛目布哈里是伊斯兰的引导者和穆斯林的榜样。他是圣训学家的鼻祖，在众学者中，他的言行具有无上权威，是众所公认品德高尚、知识渊博的学者。伊玛目布哈里的学识塔顶射出正道的光辉；宣讲台上响起他宣传真理的洪亮声音。他呕心沥血，发扬圣行，其功绩为古今伊斯兰学者一致公认。祈真主降恩于伊玛目布哈里。

伊斯兰教历 194 年（公元 809 年）他诞生于布哈拉。自幼丧父，还在孩提时代就能背诵《古兰经》章节，并熟练地掌握了阿拉伯文。在校读书时，他就对圣训产生了浓厚的兴趣。伊斯兰教历 205 年（公元 820 年），他在布哈拉学者门下开始学习圣训。其中，比甫坎提人艾布艾合买德·本·优素福是最有名的学者，伊玛目布哈里便拜他为师。艾布·艾合买德对他背诵圣训之多、绝顶的聪慧和运用语言技能深感敬佩。伊玛目布哈里还在青年时已能背诵数万段圣训。许多学者为学圣训而常常跟随其后。有时，在路上为攻读圣训的人也围住他，向他请教。伊斯兰教历 210 年（公元 825 年），伊玛目布哈里偕同母亲和哥哥去麦加朝觐，在朝觐后，他为研究圣训而留居麦加，并周游了胡拉尚、哲拜勒、伊拉克、依加什、埃及、叙利亚等东方诸国。那里的学者和宗教人士向他学习圣训，伊玛目艾合买提·本·罕百里就是其中的一人（祈安拉降恩于他）。伊玛目布哈里完善地掌握了伊玛目沙裴依派（祈安拉喜悦他）的教法。在伊玛目布哈里学问成熟、鉴别圣训稳执牛耳之时，即着手分辨真伪圣训。他空前地全面地掌握了圣训的分类、品级和法则。因此，在这一领域，他成了当代出类拔萃、独一无二的学者和全世界伊斯兰学者的权威。

　　他费时十六载，从六十万段圣训中选编了《布哈里圣训实录》。他每写一段圣训，首先沐浴，作两番拜，并为这段圣训向真主祈祷，尔

圣训

三六〇

后才动笔书写。他说："我要让这部书成为真主
与我之间的见证。"《布哈里圣训实录》共有九
千条圣训，这些圣训的一部分在含义上虽有所
重复，但圣训学家公认，在圣训典籍方面，再
没有比《布哈里圣训实录》更为精确的圣
训了。

　　学者们在注释、压缩、选录和改编本书方
面做了大量的工作。在威严、伟大的真主之前
深感自己卑微渺小、无知无能的笃实仆人穆斯
塔发·本·穆罕默德艾玛热最先从这部令人喜
爱的《布哈里圣训实录》收录的使者谕示中选
录了七百段圣训。同时，又从《穆斯林圣训实
录选集》中摘录了使者的两千段圣训。《布哈
里圣训实录》犹如拥载着盛满珍宝的航船和破
浪航行的思维之船的甜蜜的大海，我开怀畅饮，
为其香所迷，为其果实所营养。许多疑难问题，
在伊玛目布哈里的著作中得到了令人满意的解
答。该书阐述的劝谕精辟，内容丰富，是一本
理想的优秀作品。这部典籍的精辟论述之多、
教益之广是前所未有的。传谕者断言，这部典
籍，来源甜蜜，系麝香书就，当用墨写在用樟
脑制作的白纸上，当用光捻成的线系在面如皎
月的仙女们的脖颈上。

圣训

三六一

祈真主喜悦伊玛目布哈里，他终生漫游了许多城市，去过巴格达、尼沙布尔等地，后因思念故乡而归回。在家乡，他听到蛊惑人心的说法，说什么《古兰经》是被造的。对这个问题，他态度公允，认为《古兰经》的语词和字体是被造的，但真主降示的真言本身是固有的而决非被造的。为此，布哈拉长官策动人们反对伊玛目布哈里，并将他赶出了布哈拉。伊斯兰教历256年（公元869年），他殁于离撒玛尔罕三发尔赛里②之遥的乡村海尔旦的路上，差十三天六十二岁。

祈真主特恩于他，在末日审判时让穆斯塔发立于他的身旁，并在天园中赐他一席之地。真主啊！因你的赞助，这部典籍才得以在穆斯林中流传，这也是你对伊玛目布哈里（祈真主喜悦他）卓越贡献的褒奖。为这件事，除祈你赐福我，宽恕我和喜悦我外，我不愿求取任何人的奖赏与感谢。万能的真主！让我属你所造之物，勿让我从事你的作证物以外的其他事，祈你饶恕我。而今，我祈求你不要惩罚我，祈你饶恕我。主啊！你是净洁的，对你的赞颂我叙之不尽。万世不绝的赞颂，千载永久的感恩全属于你。

祈真主赐圣人穆罕默德、他的家属和圣门弟子以恩典和平安。

①伊玛目是伊斯兰教各教派创始人、一些政教合一国家的首脑和著名学者的尊称；也是带领教徒礼拜者的宗教职称。——译注

②一发尔赛里合 6.24 公里。——译注

圣训

坎斯坦勒拉尼先生传略

至圣圣训的注释者、伊斯兰的明星、聪明绝顶而又虔诚的著名学者坎斯坦勒拉尼名艾黑买提·本·木汗买堤·本·阿布伯克尔·本·阿布杜勒马力克·本·艾黑买提·本·木汗买提·本·胡赛音·本·阿里，开罗坎斯坦勒拉尼人，属沙裴依派。故人坎斯坦勒拉尼于伊斯兰教历 851 年（公元 1447 年）宰勒坎依旦月（11 月）22 日出生于埃及。

他能背诵很多典籍，如《夏提比耶》[①]。他曾在包尔汗艾吉隆、加拉勒坎比尔、乌斯塔日哈力德·艾日海勒、哈皮日赛哈维、谢赫斯拉木[②]、再干尔亚安沙尔等学者门下攻读伊斯兰学。坎斯坦勒拉尼撰写了这本满足需求的完整注释。他以清新的笔调，流畅的笔法，严肃认真地阐述了圣训的含义。因此它是广袤的知识之海，独一无二的指南，是伊斯兰学和德行的最高峰。它的优点如闪亮的群星显而易见，他的优美注释使我迟钝的脑筋变得锐敏起来，像利剑一样锋利。所以，在注释圣训时，为了解

圣训

三六四

释一些疑难的词句和隐语，我引用了坎斯坦勒拉尼的注释。在每页上部写列圣训，中间划一横线，下列注释。圣训均加注了符号（分竖、横划），注释未加注符号③。万能的真主，请纳受你的仆人穆斯塔发的这项功课，向他显现你的形象，以满足其愿望。

坎斯坦勒拉尼先生编写了布哈里圣训实录注释，编著了名为《求知者指南》一书的缩写本，并称为"艾勒斯依阿得"，但此书未曾完稿，便又去为《穆斯林圣训实录》编写注释，一直写到朝觐章的一半方止。另外，他还注释了《夏提比耶》、《坎斯旦布尔旦》（赞圣人穆罕默德）等书，创作整理了《穆斯林之路》。他还整理编写了《古兰经》的十四种读法，《微言大义》等书和其他著作。他与谢赫依卜拉欣·买提布勒探讨过圣训学，还曾在艾提克大礼拜寺传教、布道。坎斯坦勒拉尼于伊斯兰教历923年（公元1517年）木海兰月（1月）之初，于星期四在艾依尼耶的住所与世长辞。

他去世那天，正值苏丹赛里木入侵埃及之际，故难以将他运至城郊埋葬。坎斯坦勒拉尼不知怎的染上了精神病并亡于此病。后埋葬于艾资哈尔大学附近的经学院、《布哈里圣训实

录》的注释者伊玛目艾尼的墓旁。祈真主，许
他们和我们领受你的恩惠，让双方在天园相聚。
祈你在圣训学方面支持我们。襄助者真主啊！
请纳受我们的祈祷，祈真主赐圣人穆罕默德，
他的家属和圣门弟子以恩典与平安。

圣
训

①研究《古兰经》学之书。——译注
②宗教学位，意为伊斯兰教长。——译注
③符号省略。——译注

论圣训学者的德行

奉至仁至慈的真主之名

祈崇高的真主襄助我的事业，使我的事业灿烂光明，助我的事业成功，赞悦我的事业，让我的事业全为真主之道。祈圣训学更臻完备，祈真主帮助传播穆圣的圣训。说实话，这就是我的最高目的。赞真主伟大，他是我的知心者和支持者。据伊本·买斯伍德（祈真主喜悦他）传，圣人曾说："祈真主让那些聆听和牢记我的讲话，并向他人传谕的人感到欢欣鼓舞。伊斯兰法学水平低者当能向高于自己水平之人传谕圣训。"这段圣训为沙裴依和拜依海所传。它的意思是，为使圣训学和圣行弘扬光大，当祈真主对立意弘扬圣行的人赐以欢乐。圣人待人极好，常为他们做最好的祈祷。谁能聆听、牢记并原原本本地把圣训的意思传谕他人，即恰如那人新创学问一样。这里只提伊斯兰法学而不提知识，并不是表示传谕者没有学问，因为通过与法学的比较，才能领会精深的知识。须知，没有学识的传谕者是无知的传谕者。其

圣训

三六七

圣训

意是伊斯兰法学水平低的人虽不理解含义却能够向比自己水平高的人传谕圣训。

据伊本·阿巴斯传，圣人曾说："真主啊！祈求你赐福于我的继任者。"①我们问使者："哪些人是你的继任者呢？"使者道："我的继任者就是那些传述我的训示和向人们教授它的人。"

本段圣训为坦拜拉尼所传。毫无疑问，为了忠于穆斯林，向他们传播教行教义乃是列圣的职责。愿他们均受真主的恩典与护佑。谁完成了这个任务谁就是使者的继任者。

为列圣（祈真主赐他们平安）之道而遵循和传播圣行的人，圣训学家和圣行传播者如只劝教朋友而不劝教敌人，这与抛弃敌人和不教诲他们是不应当的一样也是不好的。弘扬圣训应是圣训学者的最高目的，圣人穆罕默德曾就宣谕圣训说："即使我传述的经文少，你们亦应传播。"本段为伊玛目布哈里所传。买日海热在解释这段圣训时曾说，它的意思是："我的训示虽少，你们亦应传播。"拜扎威说："圣训中之所以只提一些经文，不提圣训，那是宣谕圣训时这些话已表明传谕圣训原本是旨令。因为《古兰经》广为流传，背诵者也多，真主为免其散失和篡改而曾予以保护。"为祈求伟大至洁的真主的喜悦，为宗教为穆斯林效劳和为崇爱众圣之秀——圣人穆罕默德，作者引证、搜集、刊印了这些圣训并向世界各地发行。嗣后，又从《穆斯林圣训实录》一书中摘录圣训两千段编为选集的动力正来源于这段圣训。据先贤伊玛目马力克传述："在复生日，就像讯问穆罕默德等列圣（祈真主恩赐他们以平安）弘扬宗教那样，也要讯问学者们为宗教所行的劝谕功行。"苏福扬赛吾热说："我不知道对那些祈求安拉喜悦者的行为来说，还有什么比圣训学更为高超的学识了，甚至在饮食方面人们也需要圣训学。从事圣训学就是完毕副天命，所以它优于副功拜和副功斋。"

据乌沙买·本·宰义德传，圣人曾说："后代子孙中笃诚之士将肩负圣训学，他们会拒绝伪信者的篡改，坏人的捣鬼和无知之徒的歪曲。"部分圣门弟子曾传述过本段圣训。乃外威在《坦依孜甫》一书的前言曾说："这就是捍卫维护圣训和预示圣训学传谕者的正确。"真主在各个世纪将造就一些肩负宣谕圣训学重任、拒绝对其篡改、损毁的笃诚后代，这就明确指出各世纪圣训学的传谕者是公正可靠的。感赞真主，在现实中情况正是这样。这就是圣

圣训

三六九

行兆示。它表明宣谕圣训的责任只能由笃诚于圣训学的人来担任。但这并不是说除他们之外谁也不懂得圣训，还应指出，由于伪信士不信守他们知晓的圣训，那么他们之所知就不能算作是真正的学问了。伊玛目莎菲指出："真才实学来自诚信，智慧来自悟性。"

伊本·坎提坦说："世上只要有异端分子，他就会憎恶圣训。"阿布杜拉·本·买斯伍德所传的这段圣训指出，圣训学者是光荣正确的。他说，圣人曾讲："在复生日，最亲近于我者是为我念祝福词最多之人。"伊本·依甫邦在《赛依》一书中就这段圣训说道："这段圣训明确地宣告，在复生日最亲近使者的人乃是真正的圣训学者。因为在穆斯林中再没有人能比得上常念祝福词的圣训学者了。"

阿布勒玉敏·本·艾沙克尔说："但愿这信息是对圣训学家（祈真主增其数量）的祝贺。"万能的真主恩德天重，他向从事圣训学的人增添了众多的恩典。真主如意欲，在复生日他们将是最亲近使者的人，是最先获得使者褒赏的。因为，是他们使圣人的名字永留史册，他们经常学习、传谕、研讨圣人的训示，经常为使者祝福。真主如意欲，他们愿成为费尔坎纳齐耶②。真洁的真主，祈你将我们置于他们的行列，在复生日立在他们当中，指引我们走向正道，赐我们光明和幸福。真主啊！请纳受并赞助我的这一事业。祈真主赞悦伊玛目布哈里和导师坎斯坦勒拉尼，因他们和他们的著作是我这本著作的本源，并为本书增添了光辉。"威严的主宰，你的洁净胜过异教徒的诬蔑。祝众圣平安，一切赞颂属于宇宙的调养者真主。"（37：180—182）"众人啊！真主为你们降下了充满贤明教诲的《古兰》，降下了医治你们心灵忧虑的《古兰》，为穆民降下了正道和恩典"。"穆罕默德啊！你说，为安拉赐予的恩典而欢乐吧！他优于他们集聚的财物。"（10：57—58）

编者：穆斯塔发·本·穆罕默德艾玛热

①指哈里发。——译注
②道路正确，在安拉面前能够获恕的派别和人。——译注

圣训